LE CARTON

DE

Clément MICHEL

Editions ART ET COMEDIE
2, rue des Tanneries
75013 PARIS

NOTE DE L'AUTEUR

"LE CARTON" est une comédie.

Difficile de faire des comparaisons, mais j'aime assez l'idée que mes personnages pourraient être les enfants de Feydeau et "Friends".
Cette pièce raconte un déménagement qui se passe mal, on pourrait dire un déménagement qui ne se passe pas.
Unité de lieu et unité de temps.
L'appartement du personnage principal, Antoine, va devenir le terrain de tous les mensonges, toutes les extravagances, toutes les explications...
Un déménagement, c'est un formidable "décor" pour une comédie. L'action de déménager, donc de se fatiguer physiquement et de se croiser, permet aux personnages de se révéler plus facilement que lors d'une soirée ou dans un café. Comme on fait les cartons, on règle les comptes sans s'en apercevoir : on déballe tout, on range tout, et puis on remballe tout. En attendant la prochaine fois... ?

UN CARTON : c'est un emballage, une protection...

C'est l'intérieur qui compte. Et justement, quand un personnage y invente de la vaisselle à l'intérieur, ça change tout. Cela devient une boîte fragile. Une boîte qu'il ne faut pas secouer, par peur de tout casser.
"LE CARTON", c'est une comédie sur des amis, des amoureux, des frères et sœurs...
ATTENTION FRAGILE.

Clément Michel

Création au Lucernaire, le 16 mai 2001.
Spectacle produit par la Compagnie Zébulon.
Mise en scène : Éric Hénon et Clément Michel
Avec
(à la création)

Clément Michel	Antoine
Stéphane Hénon	Vincent
Audrey Dana	Marine
David Roussel	David
Karine Isambert	Katia
Virginie Caliari ou Pascaline Dargant	Émilie
Vincent Lambert	Lorenzo

***

Reprise à la Comédie de Paris, le 7 juin 2002.
Mise en scène : Éric Hénon
Avec

Clément Michel	Antoine
Stéphane Hénon	Vincent
Audrey Dana puis Cécile Brams	Marine
David Roussel	David
Ingrid Mareski	Katia
Clémence Aubry	Émilie
Vincent Lambert	Lorenzo

LES PERSONNAGES

ANTOINE, 25 ans

VINCENT, 28 ans, "concepteur audiovisuel", ami de Marine

MARINE, 26 ans, l'amie de Vincent et la soeur de David, étudiante en lettres

DAVID, 23 ans, apprenti comédien, frère de Marine

KATIA, 22 ans, jeune mannequin lituanien

ÉMILIE, 25 ans, fille du propriétaire

LORENZO, 27 ans, photographe de mode, homosexuel

LE DÉCOR

La pièce principale d'un studio.
Un matelas, un pouf.
Quelques cartons, certains ouverts, d'autres scellés.
Un carton très gros domine : "Le carton".
Des vêtements qui traînent - le téléphone par terre.
Un tas de vaisselle sale... Des sous-verre avec des photos de vacances.
À l'avant-scène, à jardin, contre le mur, une fenêtre.
Au fond, à jardin, la porte d'entrée avec l'interphone sur le mur.
Au fond, deux accès pour rejoindre la salle de bains : un à jardin, un à cour.
À l'avant scène, à cour, la porte des toilettes.

ACTE 1

SCÈNE 1

Antoine

Un matelas au milieu de la pièce. Dessus, Antoine en train de dormir. Le téléphone sonne. Antoine se réveille difficilement. Il s'assoit sur le matelas. Il s'éclaircit la voix.

ANTOINE *(pour lui)* - Allô... Allô... Allô... Allô... *(Il décroche.)* Allô... Oui... Bonjour Monsieur... Ah non pas du tout, je suis un petit peu enroué... Oui, bien sûr... C'est ça, on s'était dit jeudi ou vendredi, plutôt vendredi... Non ?... Aujourd'hui ?... Donc jeudi... Ah, non, non, pas de problème... Non, non de toute façon, moi, j'avais prévu pour aujourd'hui ou demain, donc ça change rien pour moi... J'ai vraiment deux cartons à finir, donc ça ne pose aucun problème... Ah... Donc, on fait pas d'état des lieux ? Remarquez, c'est, c'est nickel... Si, hein, on fait quand même un état des lieux... Bien sûr, non c'est mieux... Comme ça, y'a pas de mauvaises surprises, pour l'un... comme pour l'autre exactement... Bien sûr, c'est encore mieux comme ça... Elle veut passer à quelle heure ? Pas trop tôt, comme ça je... je finis tranquillement ce qui me reste à faire, et quand elle arrive, c'est vide et propre... D'accord. À partir de 13h, aucun problème... D'accord, merci... Vous aussi... Au revoir Monsieur.

Antoine raccroche, reste assis sur le matelas, se fige. Panique intérieure.

ANTOINE *(calme)* - C'est une catastrophe. *(Antoine regarde sa montre.)* C'est une catastrophe. *(Il décroche son téléphone et compose un numéro. Il attend un long moment.)*

Merde... Excellent ton nouveau message, un peu long mais excellent. Vincent, je suis sûr que tu dors, s'il te plaît décroche...

Vincent !... Vince, c'est super urgent !... Allez ! Allez, debout ! Réponds...

Vas-y décroche, je te jure, c'est super urgent !...

(Il raccroche et recompose un nouveau numéro.)

... Allô ? Allô Vince ?... Je t'ai réveillé ?... Pourquoi t'as pas décroché ?... T'as pas eu mon message ? A l'instant, je viens d'appeler chez toi... Ah bon ? T'es où ?... Heu, j'ai un gros pépin là... Il faut que je déménage aujourd'hui, tu peux venir ?... Maintenant... Oui, tout de suite, enfin dès que tu peux... Je suis désolé, je... Je sais, non mais, je sais mais... Ouais, ouais, tout le monde va venir... La camionnette va arriver, tarde pas trop... *(Sur lui.)* La camionnette, la camionnette !... *(À Vincent.)* Hein ?... Non, non rien. Ouais je sais ouais... C'est vrai ?... C'est cool... À tout de suite. *(Il raccroche.)* La camionnette ! La camionnette ! La camionnette ! *(Il recompose un nouveau numéro.)*

Lorenzo, salut c'est Antoine. Bon il faudrait que tu me rappelles assez vite, en fait dès que tu auras ce message. Voilà, c'est pour la camionnette. En fait, on s'était dit jeudi ou vendredi et heu, jeudi, ça serait pas mal en fait. Comme tu m'avais dit n'importe quel jour, si t'étais prévenu à l'avance, voilà je te préviens... Donc si tu peux me rappeler assez vite vu que jeudi c'est aujourd'hui, ce serait très bien. Allez, ciao Lolo... Ça, c'est fait. *(Il raccroche et recompose un nouveau numéro.)*

Allô... Marine. Salut, c'est Antoine... Ouais, ouais, un peu speed mais ça va... Tu sais, je devais déménager aujourd'hui ou demain. Et, en fait mon proprio vient d'appeler et je déménage aujourd'hui... Ouais, donc je t'appelais pour savoir si tu pouvais me filer un petit coup de main avec David... Ah ouais ?... Jusqu'à quelle heure ?... D'accord, O.K. Ouais, de toute façon, il restera des trucs à faire... Vincent ?... Heu, si, enfin, je l'ai eu, il devrait pas tarder... Ah bon ?... Non, non, bien sûr... O.K. À tout de suite... Marine, oublie pas de le dire à David... Non, non le réveille pas... Si remarque, je veux bien que tu le réveilles. O.K., à tout de suite.

ANTOINE - Lorenzo ?... Maman ! Ouais, ouais ça va... Non, non, pas du tout mais je croyais que c'était un copain... Un copain... Un copain... Aujourd'hui ? Non, j'ai pas oublié, mais je vais pas pouvoir. Parce que, en fait, j'ai eu Rodier, et sa fille vient faire l'état des lieux cet après-midi... Ouais, il faut que je déménage aujourd'hui... Non, non c'est pas la peine... Non, non, attends on est au moins 4, 5, ça va... Non, c'est bon, je te promets. Bah je sais pas, ce week-end. On verra, j'en sais rien... Quoi la lampe ?... Ah oui, la lampe, je sais pas, faut que je voie... Je sais plus, la jaune ou la noire... *(Il s'énerve.)* J'en sais rien, je suis pas installé, comment veux-tu que je choisisse la couleur d'un abat-jour !... Mais, je m'énerve pas, mais il est 9h30, j'ai un déménagement à faire et t'es en train de me demander si je préfère la lampe jaune ou la lampe noire. J'en sais rien !

L'interphone sonne.

Bon, je te laisse, ça sonne... O.K... Ouais... Oui. Bisous. D'accord, d'accord O.K.

Antoine répond. À l'interphone, on entend la voix de Vincent qui chante une chanson ringarde de boîte de nuit "It's raining men...".

SCÈNE 2

Antoine, Vincent

Vincent sonne. Antoine lui ouvre. Vincent entre sans dire bonjour. Il est en costard mode, cravate détachée. Il semble très content de lui. Long silence entre Antoine et Vincent. Antoine le regarde, un peu surpris.

ANTOINE - Ça va ?

Vincent le fait asseoir.

VINCENT - La nana, je la connais pas... La nana, je la connais pas... La nana, je la connais pas... La nana, je la connais pas... Je sais pas, j'ai pas encore compris. Mais qu'est-ce qui s'est passé ? Y'avait tout... Une heure plus tôt, y'a rien. Et d'un seul coup... Je comprends pas. J'ai rien compris. Qu'est-ce que j'ai ?... Il est 23 heures. Lorenzo m'appelle "salut Vince", "salut". "J'ai une fête, ça te tente ?", j'ai pas encore répondu, je suis déjà dans ma voiture. "C'est où ?","au Duplex". Je suis dans la voiture, je suis déjà en troisième. "C'est quoi comme fête ?", "un magazine de mode qui invite tous ses mannequins"... Je brûle un feu rouge : l'émotion. "Ça va être extra, alcool à volonté et défilé de lingerie à 1heure du matin, tu viens ?". Je brûle un autre feu rouge : l'émotion. "Alors tu viens ?", je suis en cinquième, j'aperçois le Duplex, je me gare. "Je t'entends plus... Tu viens ?", au bout de la rue je vois Lorenzo devant le duplex. "Vincent, tu m'entends ?... Tu viens ou pas ?", je m'approche de lui, je l'embrasse. "Oui, j'arrive"... On entre... Y'a des filles, beaucoup de filles. J'ai beau chercher, y'a presque pas de mecs. Je me sens bien, d'un coup je me sens très bien. Elles sont superbes, elles sont très peu vêtues et elles sont superbes. Elles dansent, elles dansent presque toutes et elles sont superbes. Je me sens encore mieux. Je me dis que j'aime ça les fêtes et j'ai envie de pleurer... Il est 5h du matin, je danse comme un fou. Et là, ça démarre, tout va très vite. Musique "It's raining men...", je suis déchaîné... Elle arrive. Elle est fantastique. Elle me regarde et elle se met à danser, elle se met à danser comme une folle et elle me regarde ! Je sais plus où me mettre. Je la fixe. Reprise "It's raining men...", et là on danse ensemble. J'ai l'impression que ça fait vingt ans qu'on danse ensemble ! J'ai l'impression que ce que je veux faire dans la vie, c'est danser avec elle. J'ai l'impression qu'elle pense comme moi. "Salut, je m'appelle Émilie", "salut, moi c'est Vincent". "On va faire un tour, Vincent ?", je renverse mon verre sur ma chemise : l'émotion. "D'accord". Et après, je sais plus, je sais plus si on a fait l'amour cinq ou six fois. Je sais plus. Je sais plus, si on est chez elle, si on est chez moi, je sais plus. Je sais plus quelle heure il est... Je sais plus rien... J'ai rien compris. D'un coup, le portable sonne, il est 9heures du mat', on est dans la rue... Tu m'appelles pour que je vienne déménager, je dis oui. Je lui dis que je dois aller travailler. Elle me donne son numéro, je lui donne le mien. Elle me dit "à plus tard". Je vais chez toi. Sans m'en rendre compte, je ne marche pas, je danse... Il est 9h30, j'arrive, tu me demandes si ça va... J'ai envie de te dire oui.

Antoine reste béat devant la tirade de son ami.

VINCENT - Et toi ça va ?

ANTOINE - Oui.

VINCENT - On commence par quoi ?

ANTOINE - Le problème, c'est que j'arrive pas à joindre Lorenzo et du coup, j'ai toujours pas la camionnette. Y'a David qui devrait pas tarder.

VINCENT - Lorenzo, je crois qu'il avait une séance photos ce matin. T'as essayé de le joindre ?

ANTOINE - Ouais, messagerie.

VINCENT - Ressaye.

Antoine essaye à nouveau. Il raccroche. Il regarde sa montre.

ANTOINE - Quel con ce Rodier !... Je te jure, j'en reviens pas...

VINCENT - Et moi donc ! La nana, je la connais pas...

ANTOINE - Quoi ?

VINCENT - Je te dis, moi non plus, j'en reviens pas, j'ai rien compris. Elles sont malades, je te jure, elles sont malades...

ANTOINE - Mais de quoi tu me parles ? Je te parle pas de ça, je te parle de mon propriétaire qui m'appelle ce matin à 9heures pour que je déménage aujourd'hui, de Lorenzo qui répond pas...

L'interphone sonne.

SCÈNE 3

Antoine, Vincent, Marine à l'interphone

ANTOINE - Ça doit être David. *(À l'interphone.)* Oui...

MARINE - Antoine, ouais c'est Marine.

VINCENT *(se lève)* - Je suis pas là, je suis pas là, je suis pas là...

ANTOINE - Ouais, ça va Marine ?

MARINE - Vincent est arrivé ?

Vince fait des grands signes à Antoine pour qu'il dise non.

MARINE - Tu m'ouvres ?

VINCENT - La fais pas monter !

Marine et Vincent en même temps.

MARINE - Tu m'entends... Tu m'ouvres ?

VINCENT - Démerde-toi, la fait pas monter, raconte n'importe quoi ! Tu sais pas où je suis...

ANTOINE *(à Vincent)* - Mais tais-toi ! J'entends rien !

MARINE - Qu'est-ce que tu dis ? T'es avec Vincent, là ?

ANTOINE - Non, non je parle à... Je parle à Mathieu là, j'ai un pote qui m'aide à déménager. Je déménage aujourd'hui, tu sais !

MARINE - Oui, je sais. Tu m'ouvres ?

ANTOINE - Oui.

VINCENT - T'as ouvert, là ?

ANTOINE - Oui.

VINCENT - Pourquoi t'as fait ça ?

ANTOINE - Pourquoi j'ai fait quoi ?

VINCENT - Pourquoi t'as ouvert ?

ANTOINE - Pourquoi j'ai ouvert ?

VINCENT - Répète pas tout ce que je dis ! Pourquoi t'as ouvert ?

ANTOINE - Parce que, parce que c'est Marine...

VINCENT - Je fais quoi, moi ?

ANTOINE - Tu fais quoi, toi ?

VINCENT - T'as dit que j'étais pas là, que t'étais avec Mathieu. Je fais quoi ? Je me fais passer pour Mathieu ? C'est qui Mathieu ?

ANTOINE - Je sais pas.

VINCENT - Faut que je pisse, moi !

On entend des bruits de pas. Ça sonne.

VINCENT - Merde !

Vincent va se cacher sous un carton.

ANTOINE - Qu'est-ce que tu fais ?

SCÈNE 4

Antoine, Marine et Vincent caché sous le carton

Ça sonne. Antoine va ouvrir. Entre Marine.

MARINE - Je suis désolée, je te dérange.

ANTOINE - Pas du tout. Ça me fait plaisir de te voir.

MARINE - Je suis désolée, je pensais trouver Vincent. Il t'a dit à quelle heure il passait ? J'arrive pas à le joindre.

ANTOINE - Non... Mais il devrait pas tarder.

MARINE - Tu sais qu'il est chiant ton pote ! Avec ses réunions avec ses producteurs d'émissions de télé...

ANTOINE - Ses réunions ?

MARINE - Oui. Il t'a pas dit ? Il avait un super rendez-vous hier soir pour vendre son projet d'émission. Il t'a pas dit ?

ANTOINE - Ah si, si, si... Le fameux rendez-vous, là... Ah, c'était hier ? Je me souvenais plus que c'était hier.

Marine est sur le point de s'asseoir sur le carton où est caché Vincent.

ANTOINE - Attends, t'assois pas là, c'est de la... c'est de la vaisselle.

Marine s'adosse au carton, ce qui stresse Antoine.

MARINE - Je sais bien que c'est super important et que ça finit tard ce genre de rendez-vous, mais il pourrait appeler quand même. Il est chiant !

ANTOINE - Ouais, mais c'est vrai que c'est super important et que ça finit tard ce genre de rendez-vous... Mais c'est vrai qu'il est chiant !

Un temps.

MARINE - Ça te dérange si je l'attends là ?

ANTOINE - Hein ?

MARINE - Je peux l'attendre ici ?

ANTOINE - Ici, tu veux dire chez moi ?

MARINE - Oui.

ANTOINE - Oui... Oui, oui bien sûr... Enfin c'est un peu bête en même temps parce que je sais pas à quelle heure il va arriver tu vois, donc heu...

MARINE - Il t'a pas dit à quelle heure il venait ?

ANTOINE - Non, il m'a dit, je... je tarde pas trop, mais bon tu vois...

MARINE - Ouais, t'as raison. Je fume une cigarette et je m'en vais. En plus, j'ai cours à 10h.

ANTOINE - Ouais, on fume une cigarette et on s'en va... Enfin, tu t'en vas... En plus, il faut que je finisse moi, j'ai pas beaucoup avancé depuis ce matin...

MARINE - Ah, j'ai oublié de te dire, David arrive. Il s'est pris la tête ce matin avec papa, mais il arrive.

ANTOINE - D'accord.

MARINE - Je peux te dire que ça a gueulé. Faut dire qu'il est pénible en ce moment, avec ses cours de théâtre. Mon père, il pète les plombs. Il fait son rebelle, son artiste... En plus, tu connais papa, tous les comédiens sont des pédés, des drogués...

ANTOINE - J'imagine...

MARINE - Il a une nana en ce moment ?

ANTOINE - Ton frère ?

MARINE - Ouais.

ANTOINE - Tu sais, t'es mieux placée que moi pour le savoir.

MARINE - Ah, non moi, il me dit rien.

ANTOINE - Je sais pas, je crois pas...

MARINE - J'ai toujours l'impression de l'ennuyer quand je lui parle en ce moment...

Un temps.

MARINE - Dis donc, c'est le souk ici. Content d'aller ailleurs ?

ANTOINE - Ouais, enfin, ça m'aurait pas dérangé d'attendre vingt-quatre heures de plus pour déménager.

MARINE - Mais t'avais pas un copain qui t'aidait tout à l'heure quand j'ai sonné ?... Mathieu, c'est ça ?

ANTOINE - Mathieu ?

MARINE - C'est pas Mathieu ?

ANTOINE - Ah si, si Mathieu, ouais il m'aide ouais... Bien sûr, tu parles, super...

MARINE - Il est pas là ?

ANTOINE - Il est pas là ? Ah si, si enfin, il est descendu là pour descendre un carton...*(Amusé.)* comme dans un déménagement, quoi. Tu... tu l'as pas croisé quand t'es montée ?

MARINE - Non, j'ai croisé personne.

ANTOINE - T'as pris l'escalier non ?

MARINE - Non, l'ascenseur.

ANTOINE - C'est ça... Il a pris l'escalier, lui...

MARINE - Il est courageux ton pote. Six étages avec un carton.

ANTOINE - Non, c'est pas ça, il est... il est claustro.

MARINE - Ah, effectivement, c'est pratique pour déménager. T'as prévu un manchot aussi ? *(Elle se marre.)* Je le connais pas ce mec-là moi, si ?

ANTOINE - Non, je crois pas. Tu sais même moi, je le connais pas bien. En fait, c'est un... c'est un copain de Lorenzo.

MARINE - Ah mais ouais... C'est son nouveau mec, c'est ça ?

ANTOINE - Heu... Je sais plus... Peut-être bien ouais...

MARINE - Il t'a pas dit qu'il avait un nouveau copain ?

ANTOINE - Tu sais moi les histoires de cul de Lorenzo, j'y comprends pas grand-chose...

MARINE - Les histoires de cul en général, t'y comprends pas grand-chose de toute façon ?

ANTOINE *(vexé)* - C'est possible ; c'est vite dit, mais c'est possible.

MARINE - En tout cas, il est sympa : tu le connais à peine, il est claustro et il se tape les six étages à pied.

ANTOINE - Ouais, il est très sympa...

MARINE *(rigolant)* - Cela dit, il en met du temps pour descendre un carton.

ANTOINE *(rigolant)* - ... Ouais, hein, il est génial... *(Il comprend la vanne.)* Non, mais je crois qu'il allait acheter des clopes.

MARINE - Bon, on se la fume cette cigarette ?

ANTOINE - Ouais.

MARINE - Tu m'en offres une ?

ANTOINE - Tiens.

MARINE - Merci... T'as pas un truc à boire s'il te plaît ?

ANTOINE - Si, si bien sûr... Remarque, je te dis ça mais tout est rangé. Tant pis, je vais chercher deux verres d'eau. Ça te va un verre d'eau ?

MARINE - Elle est bonne l'eau ici ?

ANTOINE - Ouais... Enfin, c'est de l'eau...

Antoine va au bar de la cuisine.

MARINE - Quand je pense que Vincent n'est même pas là pour te filer un coup de main, il se fout du monde quand même !

ANTOINE - Je suis con, j'ai même plus de verre, tout est rangé.

MARINE - Attends, je vais prendre deux verres dans le carton à vaisselle.

Antoine revient comme une tornade.

ANTOINE - Non, non, non... C'est pas possible, tout est rangé... Les verres, ils sont tout au fond ! C'est con je sais, j'ai mis les verres avant les casseroles et les casseroles avant les plats mais bon, je veux pas tout chambouler sinon je vais tout casser. Ça t'ennuie pas ?

MARINE - Pas du tout.

ANTOINE - Va boire au robinet si tu veux.

MARINE - Non, non c'est bon... Ouais, je te disais, Vincent, il est bizarre en ce moment. Je sais pas ce qu'il a, mais c'est de pire en pire. Tu peux jamais lui faire confiance pour rien. Tu devrais lui dire toi, t'es son pote.

ANTOINE - Lui dire quoi ?

MARINE - Bah je sais pas, qu'il fasse un peu attention aux autres. Il s'enferme en ce moment dans ces machins de télé, je sais que c'est important pour lui, mais bon, y'a pas que ça tu vois. Tu trouves pas, toi, qu'il est enfermé en ce moment ?

ANTOINE - Tu veux dire maintenant tout de suite ?

MARINE - Oui, enfin en général.

ANTOINE - Un petit peu, ouais. Je pense qu'il demanderait pas mieux que de respirer un grand coup en ce moment. Il est comme dans un carcan, tu vois et il étouffe.

MARINE - Exactement.

ANTOINE - Ah, je le connais bien ton mec hein.

MARINE - Pourquoi tu lui dis pas, toi ?

ANTOINE - Mais je lui dis, tu sais.

MARINE - Et il répond quoi ?

ANTOINE - Je sais plus, je lui demanderai tout à l'heure quand il sortira du carton... Enfin quand il sortira de son carton, enfin de sa bulle avec à l'intérieur ses émissions de télé !

MARINE - Vincent, en ce moment, il est comme ton carton où y'a la vaisselle. Et moi, je suis comme les verres. Au-dessus de moi, y'a les casseroles, c'est ses copains, encore au-dessus y'a les plats, c'est ses projets télé. Alors, pour venir me chercher, faut vraiment le vouloir, puis faut pas avoir peur de casser tout le reste.

ANTOINE - ...

MARINE *(amusé)* - Ton copain, Mathieu, il a été les chercher au Queen ses clopes ?

ANTOINE *(feignant l'amusement)* - Je sais pas ce qu'il fait oui.

MARINE *(elle le regarde avec insistance)* - En fait, j'aurais dû me mettre avec toi.

ANTOINE - Pardon ?

MARINE - Ouais, j'aurais dû sortir avec toi... Quand tu m'as fait des propositions, j'étais avec Vincent depuis deux semaines, c'était rien. Tu sais, j'ai vachement hésité avant de dire non.

ANTOINE *(mort de honte)* - Je... Mais, je t'ai pas fait de propositions, enfin, je... On déconnait, c'était heu... Mais même Vincent, il faisait pareil quand j'étais avec Alice... C'était heu,... Hein ? On s'amuse à faire semblant de se piquer les nanas, c'est un jeu... C'est...

MARINE - Attends, mais je lui ai jamais rien dit. T'inquiètes pas.

ANTOINE - Ah, mais je m'inquiète pas... Mais, mais dis lui... Tu verras, il sera pas surpris... Il te dira "mais bien sûr, comme... comme moi avec Alice."

MARINE - Tu lui as dit toi ?

ANTOINE - Hein ?... Pouh... Je, ouais... Je sais plus... Mais heu, il le sait... C'est comme si je lui disais "Tu sais Vincent, t'es mon meilleur pote". Il le sait, j'ai pas besoin de lui dire.

MARINE - Tu pourrais le tromper toi ?

ANTOINE - Quoi ?

MARINE - Tu pourrais le tromper ?

ANTOINE *(ironique et sourde oreille)* - Non, on est trop heureux dans notre couple.

MARINE - T'aimes bien faire celui qui comprend rien...

ANTOINE *(géné)* - ...

MARINE - Tu pourrais coucher avec sa copine ?

ANTOINE - Avec toi ?

MARINE - Pourquoi, y'en a d'autres ?

ANTOINE - Non... Non, non.

MARINE - Tu pourrais ?

ANTOINE - T'es malade !

MARINE - Imagine, on se vautre là, par terre, tout de suite, sur la moquette entre tes fringues et le carton à vaisselle...

ANTOINE - Arrête !...

MARINE - On baise comme des tarés ! Mais vraiment hein ! On se lâche, personne n'en saura jamais rien. On se fait plaisir, mais vraiment on se fait plaisir ! C'est que pour le cul ! Tu dirais non ?

ANTOINE - Bon écoute, il faut vraiment que je finisse mes cartons, là ! Sinon, je...

MARINE - T'as pas répondu à ma question ? Tu

dirais non ?

Antoine la raccompagne à la porte.

ANTOINE - Marine, il faut vraiment que je finisse mes cartons !... Et puis t'es chiante avec tes questions. Tu vas être en retard à ton cours. Quand Vincent arrive, je lui dirais que t'es passée.

MARINE *(se moquant de lui)* - Y'a mon copain Vincent qui va arriver, Ouh la la... Allez je te laisse. Salut.

ANTOINE - Bon, allez je te raccompagne.

Marine sort, Antoine la raccompagne ; la porte reste ouverte. Pendant ce temps-là, Vincent fonce aux toilettes.

SCÈNE 5

Antoine, David puis Vincent

Antoine revient dans la pièce et s'adresse au carton.

ANTOINE - Tu peux sortir... Elle est partie, tu peux sortir... Ah, ouais d'accord, tu préfères rester là-dedans. Vas-y fais comme chez toi !... Je commence à en avoir marre de vos histoires ! La prochaine fois, tu te débrouilles tout seul ! Et puis elle aussi ! Elle est tarée ou quoi ! Qu'est-ce que c'est ces conneries, là ? Non, mais tu l'as entendue ? Je fais des avances à ta copine maintenant ! *(David entre avec un pack de bières, il s'arrête net quand il voit Antoine parler au carton.)* Non, mais vous délirez complètement tous les deux ! Tu commences à m'emmerder !

DAVID *(arrive discrètement au niveau d'Antoine, il pose les bières dans l'entrée et très sérieusement s'adresse au carton)* - C'est vrai, fais un effort bordel ! *(À Antoine.)* Qu'est-ce qu'il a ? Il veut pas descendre tout seul ? On a eu le même problème nous, quand on déménageait. C'est pénible !

ANTOINE *(amusé)* - Salut.

DAVID - T'as l'air à bout, toi ?... J'ai croisé Marine en bas. Elle t'a dit pour mon père. Désolé pour le retard. T'es tout seul ?

Vincent sort des toilettes.

VINCENT *(à David)* - C'est cool, t'as ramené des bières.

DAVID *(à Vincent)* - T'es là, toi ? Y'a Marine qu'était en bas, elle te cherchait. Tu l'as pas croisée ?

VINCENT - Non, non... Je... J'arrive juste, le temps de pisser. *(Très affirmatif.)* J'ai pris l'escalier. C'est pour ça que je l'ai pas vue, j'ai pris l'escalier.

DAVID - Rattrape-là.

VINCENT - Non, mais... On se verra tout à l'heure... Là, elle a cours, je vais pas la retarder... *(À Antoine.)* T'as un décapsuleur ?

ANTOINE - Je sais pas...

VINCENT *(cynique)* - Vas-y regarde dans le carton à vaisselle, j'ose pas moi, j'ai peur de tout casser.

ANTOINE - Bon, faut que je finisse les toilettes moi !

DAVID - Tu veux qu'on commence à descendre des cartons ?

ANTOINE - Bah non, j'ai pas la camionnette. J'arrive pas à joindre Lorenzo. C'est lui qui devait venir avec la camionnette...

DAVID - Il a une camionnette ?

ANTOINE - Non pas lui, mais sa boîte. Enfin, c'est un petit combi Volkswagen ou je sais pas quoi... *(Énervé.)* Mais je lui ai rien demandé moi ! C'est lui qui m'a proposé de la prendre !

DAVID - Eh bah c'est plutôt sympa, non ?

ANTOINE - Ouais, mais bon tu sais comment il est ! Je lui avais dit, prévois jeudi ou vendredi, résultat : il a fallu que l'autre con m'appelle ce matin pour me dire que ce serait aujourd'hui, et depuis ce matin, je n'arrive pas à le joindre !... Ça me fait chier, ça !...

DAVID - Et sur le portable, rien ?

ANTOINE - Messagerie... J'en étais sûr, on peut pas compter sur lui ! Mais ça, c'est les ritals !...

DAVID - Qu'est-ce que ça à voir avec les ritals ?

ANTOINE - Mais, ça à voir... Ça à voir que, que... C'est comme au foot ! c'est toujours...*(Imitant l'accent italien.)* gnagnagnagnagna...

DAVID *(très amusé. À Vincent)* - Il le fait bien, hein ?

ANTOINE - Mais non, mais c'est chiant !... J'aurais pas dû l'écouter, j'avais qu'à louer une camionnette et puis c'est tout !

DAVID - Moi, j'ai la voiture. Il suffit que je la mette en break et on peut déjà faire des allers-retours si tu veux.

ANTOINE - Ouais... Bah, je finis de laver les toilettes, et s'il est pas là, on commencera, ouais...

Antoine va dans les toilettes. La chasse d'eau retentit.

SCÈNE 6

Vincent, David puis Antoine

Vincent se rassoit sur le pouf. David est sur le point de s'asseoir sur le carton à vaisselle.

VINCENT - T'assois pas là, y'a de la vaisselle !

Vincent fait signe à David de lui passer une bière. David s'assoit par terre et s'en ouvre une également. On entend Antoine éponger, le robinet coule... Vincent et David parlent assez bas pour ne pas qu'Antoine les entende.

DAVID - Mais moi, je vais pas rester deux heures hein ? Il est marrant, lui. Il m'appelle en catastrophe et... On peut rien faire ?

VINCENT - Il a pas la camionnette.

DAVID - Je sais pas comment il s'est organisé encore...

VINCENT - Il s'est pas organisé, il est pas organisé. T'as qu'à regarder, y'a pas un carton de fait...

DAVID - Oh non ! Moi, j'ai du boulot... Je vais pas me taper de ranger ses chaussettes non plus. J'ai plein de scènes à apprendre, j'ai pas commencé. *(Il sort son livre* *de sa poche et l'ouvre.)*

VINCENT - C'est quoi ?

David lui tend le livre.
Vincent lit tout haut le dos du livre, très pompeux.

VINCENT - Le parcours initiatique de deux âmes écorchées. La perte de soi, la souffrance de l'autre. Le corps comme réservoir à vie. Le sexe comme démon interdit. Il est bien ?

David dit tout haut son texte pour essayer de s'en souvenir.

DAVID - Passe la main autour de mon cou, et dis-moi que tu m'aimes...

VINCENT - Pardon ?

DAVID - Fais-le, je t'en prie. Je voudrais tant que tu apprennes à m'aimer. Comme avant, je voudrais que tu bandes comme un... *(Il cherche son texte.)* Comme un... comme un... Merde !... Page 31...

VINCENT - Ah oui... Je voudrais que tu bandes comme un soldat des tranchés...

DAVID - Je voudrais que tu bandes comme un soldat des tranchés. Je voudrais, qu'à nouveau, ta peau soit comme la sève des cocotiers...

VINCENT - Des bananiers...

DAVID - Quoi ?

VINCENT - T'as dit des cocotiers, c'est des bananiers...

DAVID - Je voudrais que tu bandes comme un soldat

des tranchés. Je voudrais qu'à nouveau, ta peau soit comme la sève des bananiers, je... *(David récupère son bouquin.)* J'arriverai jamais à l'apprendre, ce texte.

VINCENT - C'est bien tes cours de théâtre, là ?

DAVID - C'est génial. Mais bon, j'ai un boulot de fou.

VINCENT *(vicieux)* - Ça doit être la folie les cours de théâtre, non ?

DAVID - La folie ?

VINCENT - Y'a plein de supers nanas, non ?

DAVID - Il y a des comédiennes éblouissantes.

VINCENT - Ta scène avec les cocotiers, enfin les bananiers qui... qui bandent, là, ça doit pas être désagréable à répéter avec une belle nana ?

DAVID - Oui, mais non parce qu'en fait, c'est une scène entre deux homosexuels qui viennent de quitter leur pays et qui ont du mal à s'aimer comme avant, quand ils étaient au Mexique.

VINCENT - Ah merde.

ANTOINE *(off)* - Putain d'éponge de merde !

VINCENT - Dis-moi, je change complètement de sujet là, mais heu... Je, je voulais te demander : si ta sœur me trompait, tu me le dirais ?

DAVID - Non.

VINCENT - Et si je trompais ta sœur, tu lui dirais ?

DAVID - Oui.

VINCENT - T'es un enfoiré ! Pourquoi ?

DAVID - Je sais pas, c'est la famille... Pourquoi tu me demandes ça ?

VINCENT - Comme ça, je voulais savoir.

DAVID - Maintenant, tu sais.

Antoine sort des toilettes. Il retourne au téléphone.

DAVID - Passe la main autour de mon cou, et dis-moi que tu m'aimes... Fais-le, je t'en prie. Je voudrais tant que tu apprennes à m'aimer. Comme avant, je voudrais que tu bandes comme un soldat des tranchés. Je voudrais, qu'à nouveau, ta peau soit comme la sève des bananiers.

ANTOINE - Qu'est-ce qu'il fait !... *(À David.)* Je veux bien qu'on attaque avec ta voiture.

DAVID - Une petite bière d'abord ?

ANTOINE - Non, merci. Je sais pas comment vous faites à 9 heures du mat'.

DAVID - Un bon déménagement, ça se fait avec des bières.

VINCENT - C'est les bases.

DAVID - "Je boirai aussi longtemps qu'il y aura un trou au fond de ma gorge et de quoi boire dans ce pays !". Shakespeare.

ANTOINE - On y va ?

DAVID - OK. Faut qu'on descende la mettre en break, et qu'on la gare en bas.

ANTOINE - C'est parti.

VINCENT - Je vais rester là, moi.

ANTOINE - Comme tu veux... Ouais, comme ça si Lorenzo appelle, tu peux répondre.

Antoine et David sortent.
Vincent regarde le livre de David avec tout le mépris du monde.

SCÈNE 7

Vincent, Lorenzo (au téléphone) puis Antoine

Vincent est seul. Le téléphone sonne, il ne répond pas. Le répondeur se met en marche : "Vous êtes bien chez Antoine, merci de me laisser un message après le signal sonore..."

LORENZO - Antoine, c'est Lorenzo. Bon, j'ai bien eu ton message, pour la camionnette, le problème, c'est que j'ai besoin de savoir à quelle heure...

VINCENT *(décroche)* - Allô ?

LORENZO - Ouais, Antoine ?

VINCENT - Non, c'est Vince.

LORENZO - C'est pas vrai, t'es réveillé toi ?

VINCENT - J'ai pas encore dormi.

LORENZO - Alors, la petite blonde ?

VINCENT - Oh la tigresse !

LORENZO - Allez ?

31

VINCENT - Ah ouais, une malade !... Une malade ! Une dévoreuse !... Même pas : une carnassière, une prédatrice !... Je te jure, le sexe comme démon interdit.

Lorenzo est mort de rire.

VINCENT - Ah, j'ai donné... Ah ouais, je l'ai gâtée... Eh mais, tes fêtes privées mais c'est la folie sérieux ! *(Il s'excite.)* Mais moi, mais j'y suis à chaque fois maintenant. Mais tout le temps ! Une petite sauterie en bikini, c'est pour qui ? C'est pour bibi. T'es un seigneur Lorenzo ! Qu'est-ce que tu veux que je te dise, t'es un seigneur !

LORENZO - Tu me passes Antoine ?

VINCENT - Il est pas là, il est descendu avec David mettre la voiture en break...

LORENZO - Alors, il déménage aujourd'hui, c'est ça ?

VINCENT - Bah ouais...

LORENZO - Il est gentil, lui. Il me laisse un message, tu peux venir avec ta camionnette ? Bien sûr. Tout de suite ? Évidemment ! Bon, tu lui dis que je vais me débrouiller, je viendrai après ma séance et heu... Ouais, je vais filer rendez-vous à Katia chez Antoine, et je ferai ça chez lui... C'est vide chez Antoine ?

VINCENT - Non, pas encore...

LORENZO - Y'a de la place ou pas ?

VINCENT - C'est le bordel, pourquoi ?

LORENZO - Non, mais... Ah, c'est chiant... Heu, non parce que, j'ai une nana qui doit venir bientôt là, pour que je lui fasse son book, et si c'est clean chez Antoine, je peux peut-être faire les photos là-bas avec elle, comme ça je viens avec le van.

VINCENT - Attends, tu veux venir ici, faire tes photos avec un mannequin ?

LORENZO - Keep cool, c'est pas un mannequin.

VINCENT - C'est qui, c'est qui ?

LORENZO - C'est une lituanienne qui vient d'arriver à Paris, elle parle pas un mot de français. Elle veut se faire faire des photos pour aller voir les agences. C'est pour ça, je te demande si c'est clean chez Antoine pour faire les photos.

VINCENT - Attends, bien sûr que c'est clean, il. on... On va ranger vite fait, y'en a pour cinq minutes. Même pas... Bien sûr, viens avec elle, tu seras pénard pour les photos. En plus, y'a un beau soleil là pour faire les photos. En plus, y'a un beau soleil là pour faire les photos ! Ah ouais... C'est super pour faire des photos ici ! En plus, je pourrais t'aider si tu veux, ça m'intéresse moi, les photos, enfin tout ce qu'est mode...

LORENZO - Bon, je vais l'appeler pour lui dire où c'est. Si elle arrive avant moi, elle s'appelle Katia. OK.

VINCENT - T'es un seigneur... Je déconne pas, j'ai les larmes aux yeux.

LORENZO *(amusé)* - Ouais, OK... Dis à Antoine que j'arrive dès que je peux...

VINCENT - Bien sûr Maître.

LORENZO - T'oublies pas !

VINCENT - Je n'oublierai pas, votre majesté.

LORENZO - Bon, see you.

VINCENT - Dieu vous garde Messire.

Vincent raccroche, il est surexcité. Il se met à danser sur "It's raining men", à ranger l'appartement n'importe comment, à dégager de la place.
Il fait un show, il se prend pour un photographe.

Ouais, vas-y, tourne un peu... Comme ça, génial. Bouge plus, ouais c'est ça... Génial, super, ouais, très bien ça, très bien... Ouais... T'es une super Katia...

Antoine entre, visiblement énervé. Il regarde Vincent en train de tout déranger. Vincent a prit le livre de David, il en cite un passage.

VINCENT - Sur le sable désordonné, sur la chaloupe de mes rêves, je veux t'entendre crier. Laisse toi t'abandonner... Mais ouais, c'est ça Katia, laisse-toi t'abandonner...

ANTOINE - Tu fais quoi, là ?

VINCENT - Je... je fais un peu d'ordre, pour gagner du temps.

ANTOINE - Tu peux venir nous aider, il faut pousser la voiture.

VINCENT - Quoi ?

ANTOINE - David a laissé ses feux allumés, sa voiture démarre pas. Tu peux descendre ?

VINCENT - T'as pas des pinces crocos ?

ANTOINE - Si, si bien sûr... T'as qu'à regarder, y'a un

carton avec marqué pinces crocos dessus !

Vincent cherche du regard ce carton.

ANTOINE - Bon, tu viens ?

Ils sortent.

NOIR

ACTE 2

SCÈNE 1

Antoine, Vincent, David

Ils rentrent après avoir poussé la voiture. La veste de Vincent est noire.

DAVID *(à Vincent)* - T'es débile aussi toi, t'as déjà vu des déménageurs en costard ?

VINCENT - C'est-à-dire que ça s'est fait très vite ce déménagement, tu vois, et puis je déménage peut-être en costard, mais je laisse pas mes phares allumés, moi !

ANTOINE - Bon, ça va...

VINCENT - Tu peux me prêter des fringues ? On sait jamais, s'il faut changer une roue tout à l'heure, je préfère anticiper tu vois.

DAVID - Tu t'en fous, il est crade maintenant ton costume.

VINCENT - Oui mais non, j'ai pas envie de le ruiner ! C'est mon costume de réunions.

David et Antoine se marrent.

VINCENT - Bon, Antoine, tu me passes des fringues ?

ANTOINE - Tiens, t'as qu'à prendre ça. *(Antoine lui donne des vêtements qui traînent par terre. Un jogging et un pull assez laid.)*

VINCENT - Non, sérieux, t'as pas autre chose ?

ANTOINE *(vexé)* - Qu'est-ce qu'il y a, ça va pas ?

VINCENT *(riant)* - Il est à toi, ce pull ?

ANTOINE - Quoi, il est très bien ce pull.

DAVID - Tu le mets jamais ?

ANTOINE - Mais si, je le mets ! Si je l'ai acheté, c'est pour le mettre !

Vincent commence à se déshabiller.

VINCENT - Tu l'as pas acheté ? C'est un cadeau ? !

ANTOINE - Si ça te va pas, t'as qu'à rester en costume ! C'est pour toi, moi je m'en fous !

DAVID - Ouais, c'est bon, on fait pas un défilé de mode.

VINCENT - Ouais, c'est clair. *(Vincent est en caleçon en plein milieu de la pièce.)*

SCÈNE 2

Les mêmes, Katia

Une superbe fille entre doucement dans l'appartement, Katia. Elle est habillée sportswear : jogging, t-shirt

*moulant, baskets. Elle a un grand sac (à l'intérieur :
produits de beauté, maquillage, différentes tenues).
À son arrivée, un ange passe. Les trois garçons hallucinent. Katia a l'air paumé.*

VINCENT *(à Katia)* - On veut voir la bête ?

ANTOINE - Arrête ! Va te changer dans la salle de
bains, s'il te plaît.

VINCENT - C'est bon, elle en a vu d'autres la coquine.
N'est-ce pas ?

Katia sourit. Antoine est super gêné.

ANTOINE - Bon allez, t'es lourd là !

Vincent va dans la salle de bains en faisant le con.

ANTOINE - Émilie, c'est ça ?

Katia, qui ne comprend rien, sourit et acquiesce.

ANTOINE - J'ai eu votre père ce matin, je suis désolé,
j'ai pris un peu de retard. Je pensais pas que vous seriez
là aussi tôt. Enfin, c'est pas grave. On va tâcher de faire
vite.

*Antoine fait une courte visite des lieux à Katia. Il parle
très vite et donc ne s'étonne pas qu'elle ne réponde
jamais. Celle-ci, qui ne comprend toujours rien, le suit
à la trace.
Pendant ce temps, David s'est rassis et essaye d'apprendre son texte tout haut.*

Donc, donc, donc... Heu, ouais... Bon, y'a la moquette
qu'est un peu sale, ça je l'ai dit à votre père, il le sait.
Ouais, la cuisine. Bon c'est des plaques électriques,

alors celle de gauche, là, elle marche pas. C'est pas la peine d'insister, elle a jamais marché... *(Sourire de Katia.)* Jamais...

DAVID - Je t'attacherai sur une corde, et je laisserai la mer recouvrir ton corps jusqu'à ce que ta peau soit suffisamment salée pour que je puisse goûter entièrement...

ANTOINE - Attends ! S'il te plaît David là !

David est concentré et relit son texte à voix basse.

ANTOINE *(à Katia)* - C'est parce qu'il apprend un texte, il est acteur.

DAVID - Non, comédien.

ANTOINE - O.K. D'accord... Donc, heu... Ah oui, ça me fait penser que cette chaise, elle est à votre père. Je sais pas s'il veut la récupérer.

Katia s'assoit sur la chaise et sourit.

Alors vous trompez pas, parce que j'ai exactement la même ici. Mais celle là, c'est la mienne. *(Elle s'assoit sur l'autre chaise et sourit.)* Non, la vôtre, c'est celle-là.

DAVID - Et quand j'en aurais assez de sucer violemment tes membres...

ANTOINE - Attends, tu veux pas arrêter deux secondes s'te plaît ! Désolé... Heu, la fenêtre est un peu chiante à ouvrir. Il faut l'ouvrir comme ça et... *(La poignée lui reste dans la main.)*

DAVID - Et tu gueuleras, tu gueuleras comme une bête !

ANTOINE *(fou furieux)* - Bon t'es chiant maintenant

avec ton truc, là !... Arrête un peu !... Sinon, là, c'est les toilettes... *(Il ouvre et referme aussitôt.)* Bon je les ai pas encore nettoyées, on verra ça tout à l'heure. Sinon, y'a deux jeux de clés. Sur celui-là, y'a les clefs du local à poubelle, alors elle est un peu chiante celle-là, il faut forcer, on descendra tout à l'heure, je vous montrerai... Ça, c'est la clef de la cave. Sinon, oui, ça c'est la clef de la boîte aux lettres, alors y'a pas le nom dessus, c'est le numéro 17, comme l'appartement, je l'ai marqué sur la clé, ah merde, c'est parti, je le remettrais tout à l'heure. Enfin, sinon, c'est facile à retenir, c'est 17 comme les Charentes-Maritimes. *(Avec un grand sourire.)* 17...

KATIA *(avec un grand sourire)* - 17.

ANTOINE - La salle de bains... *(À Vincent.)* Tu peux sortir s'te plaît ! Vincent !

> *Vincent sort de la salle de bains, Antoine et Katia y entrent.*

SCÈNE 3

David, Vincent puis Antoine

> *Antoine et Katia sont dans la salle de bains, on les entend parfois en off. Vincent apparaît avec le jogging et le pull.e*

VINCENT - Alors ? C'est pas la classe ?

DAVID - Très chic... Remarque y'en a à qui ça va pas mal, le jogging. T'as vu sa proprio, comme elle est roulée !

VINCENT - C'est la proriétaire ?... Non !

DAVID - Si.

VINCENT - Merde !

DAVID - Quoi ?

VINCENT - Elle parle français alors ?

DAVID - À priori, oui.

VINCENT - Oh putain, je pensais pas quand je l'ai vue. C'est pour ça que j'ai fait le con. Mais ouais, je t'ai pas dit, Lorenzo a appelé tout à l'heure, il va pas tarder...

DAVID - Tu l'as dit à Antoine ?

VINCENT - Pas encore. Attends... Comme il est à la bourre dans son Taf, il m'a dit qu'il allait faire des photos ici avec une mannequin vu que l'appart était vide !

DAVID - Quoi ? Je comprends rien là...

VINCENT - Il va venir ici pour amener la camionnette, et il a filé rendez-vous à une nana qu'est Polonaise ou Grecque ou je sais pas quoi pour faire des photos avec elle.

DAVID - Ici ?

VINCENT - Mais oui. Et il m'a dit bien dit qu'on soit sympa avec elle, si elle arrive avant lui, parce qu'elle parle pas un mot de français. C'est pour ça moi, quand j'ai vu la nana arriver, vu comment elle est roulée, j'ai cru que c'était elle et qu'elle comprenait rien.

ANTOINE *(off)* - Alors, ce robinet, faut pas s'en servir, parce qu'il coule n'importe comment... Non, non, non...

Ouais et y'a donc deux issues pour aller dans la salle de bains.

Antoine sort de la salle de bains, côté jardin, il est trempé. La porte se referme, Katia reste seule dans la salle de bains.

ANTOINE *(doucement à Vincent et David)* - Attends, elle est grave, elle me ferme la porte au nez. Elle a déjà installé tous ses produits de beauté dans la salle de bains... Je lui dis de pas ouvrir le robinet, elle l'ouvre... Je suis trempé, elle se marre.

Antoine s'essuie le visage avec la chemise de Vincent

VINCENT - Attends, c'est ma chemise là !

David et Vincent se marrent.

ANTOINE - Eh, mais vous êtes graves vous !... L'autre, à poil, en train de faire le con devant la fille de mon propriétaire...

VINCENT - Je savais pas que c'était la proprio moi...

ANTOINE - Mais même *(Amusé, imitant Vincent)* : "Alors, on veut voir la bête ?", t'es con ou quoi... Et alors toi en train de gueuler à tue-tête des textes de cul, là !

DAVID - C'est pas du cul !

ANTOINE - Attends, excuse-moi, heu... Je voudrais te sucer ton membre, dans la mer avec une corde... Appelle ça comme tu veux, pour moi, c'est du cul.

VINCENT *(à David)* - T'as recommencé avec tes cocotiers qui bandent ?

DAVID - Bananiers !

VINCENT - Quoi ?

DAVID - Tu dis cocotiers, c'est bananiers !

VINCENT *(à Antoine)* - Elle va pas être déçue ta proprio. Qu'est-ce qu'elle est... !

ANTOINE - Oui !

VINCENT - Sympa.

ANTOINE - Ouais mais alors faut voir le niveau. Tu lui dis un truc, elle te regarde et elle fait un grand sourire à la con.

VINCENT - Mais tu t'en fous, t'arraches tout ! Vas-y, elle est dans la salle de bains, elle est chaude comme la braise. T'arrives : faut qu'on parle ! Et pan ! Sur le lavabo ! Mais ouais, c'est comme ça qu'on fait !

DAVID - Tu fais comme ça avec ma sœur ?

VINCENT *(géné)* - Mais, non mais, c'est pas pareil... Marine, elle est, elle est pas grande...

Ils rigolent tous les trois. La tension s'est estompée.

ANTOINE - Bon, sérieux, faut qu'on se magne, va falloir commencer à descendre les cartons à toute allure ! Vous pouvez descendre celui-là ? Faites gaffe, il est super lourd.

Antoine leur montre un carton énorme.

DAVID - Quel fumier celui-là ! Il nous fait descendre le plus gros carton rien que pour avoir du temps avec elle...

VINCENT - Tu me dégoûtes !

Antoine se marre. Vincent et David sortent avec le carton.

Antoine se met à préparer un autre carton.
Une fois le carton fermé, il parle à Katia à travers la porte.

ANTOINE - Je descends un carton, je vous laisse toute seule dans l'appartement... Je laisse la porte ouverte...

Au moment de sortir, David entre.

DAVID - J'ai oublié les clés.

ANTOINE - Je t'attends en bas.

Antoine sort.

SCÈNE 4

David, Émilie puis Antoine

David cherche ses clefs. Il récite son texte tout haut.

DAVID - Et quand j'en aurai assez de sucer violemment tes membres, quand chaque pli de ta peau sera rouge comme le sang, tu voudras m'arrêter...

Émilie entre doucement et regarde David, surprise.

DAVID - ... et tu gueuleras, tu gueuleras comme une bête !

David a trouvé ses cléfs, se retourne et aperçoit Émilie. Émilie est une très jolie blonde. Elle est surtout très excitante, avec sa mini jupe très mini. Son look est celui d'une jeune bourgeoise du quartier latin - très Agnès B.

David est gêné, puis pensant se trouver devant Katia, il fait son bellâtre.

DAVID - "Vous vous troublez madame et changez de visage, lisez vous dans mes yeux quelque triste présage...".

Émilie est bouche bée.

DAVID - La voilà, notre petite mannequine... Elle est venue avec ses petites fesses, avec ses petits seins, elle a bien fait... Alors ma coquine, on vient se faire tirer le portrait ? *(Il articule grossièrement.)* BONJOUR JE SUIS DAVID.

ÉMILIE *(moqueuse et de mauvaise humeur)* - BONJOUR JE SUIS MADEMOISELLE RODIER, LA FILLE DU PROPRIETAIRE.

David devient blême d'un seul coup.
Entre Antoine. Fou de rage.

ANTOINE - Non mais je rêve ! Je rêve ! Mais il est con ou quoi ? ! ! !

DAVID - Antoine, y'a...

ANTOINE - Tu sais pas ce qu'il me dit Vincent ? "Dis donc, c'est peut-être un peu con de descendre tous ces cartons, vu que Lorenzo va pas tarder avec la camionnette. On ferait peut-être mieux d'attendre, sinon on va être obligé de déplacer tous les cartons de la voiture jusqu'à la camionnette." Non, mais je rêve ! Il pouvait pas me le dire avant que Lorenzo ait appelé ! Je rêve !

DAVID - Montrant Émilie. Antoine, c'est...

ANTOINE *(il la dévisage très agressivement. Très sec)* -

Bonjour. Attends, c'est pas tout ! Dernière nouvelle, Lorenzo n'a rien trouvé de mieux comme idée que de faire venir une nana dans mon appartement pour faire des photos ! Si si, je te jure ! Le jour où je déménage ! C'est intéressant ! *(Il regarde à nouveau Émilie.)* Qu'est-ce qu'elle a, elle, à me regarder comme ça ? C'est elle la polonaise qui vient faire ses photos là ?!!! *(À Émilie.)* Alors, là, je suis désolé, il faudra vous arranger avec Lorenzo ! Allez, hop, dehors !

ÉMILIE *(très calme)* - Bonjour, c'est vous le locataire ?

ANTOINE - ...

ÉMILIE - Je suis Émilie Rodier, la fille du propriétaire.

ANTOINE - ...

Un ange passe.
L'interphone sonne.

ANTOINE - Oui ?

VINCENT *(off)* - Quand vous aurez fini de niquer la fille du propriétaire, vous descendez les clés ?

David part dans un fou rire.
Il est bientôt suivi par Antoine.
Émilie est très énervée.

ANTOINE - Je suis désolé, il faut que je vous explique... Je... *(À David.)* Arrête-toi !... Depuis, ce matin... c'est heu... C'est la folie ! Vous vous rendez pas compte...

ÉMILIE - Non, pas bien non.

ANTOINE *(à David, montrant la salle de bain)* - Attends, alors, la nana, là... c'est... Et elle est enfermée depuis une heure... Elle doit, mais elle doit rien comprendre...

ÉMILIE - Bon écoutez, je sais pas ce qui se passe. Ce que je sais, c'est que j'ai un appartement à récupérer et apparemment, vous êtes loin d'avoir fini.

ANTOINE - Je sais pas quoi vous dire, je suis vraiment désolé... J'ai eu votre père ce matin, et je pensais que tout serait fini... Et, on a eu plein de problèmes, et... Enfin, bon c'est pas une raison, je sais, mais je... On devait avoir une camionnette et elle est pas encore arrivée. *(À David, très faux-cul.)* Elle est pas encore arrivée la camionnette ?

DAVID *(jouant le jeu)* - Non... En plus avec l'accident ?...

ÉMILIE - Vous avez eu un accident ?

DAVID - Nous, non... Mais le chauffeur, enfin notre copain Lorenzo, a eu un accident ce matin, avec la camionnette...

ÉMILIE - C'est grave ?

ANTOINE - Non, non, non c'est rien.

DAVID - Il est quand même dans le coma ?

ÉMILIE *(très ennuyée)* - Ah bon ?

ANTOINE - Oui, enfin bon, c'est pas vraiment un coma, c'est, c'est plus un... Une, une grande sieste, en fait. Voilà. C'est une grande sieste ! En fait, il a subi un gros choc et il dort, c'est tout. Les médecins avaient l'air très sereins.

David, qui s'amuse dans ce mensonge, en rajoute des

caisses et fait une moue d'un air de dire que finalement les médecins n'ont pas l'air si serein que ça.
Ça énerve Antoine.

ANTOINE - Mais si, si David ! Si ! Je... j'ai eu les médecins et ils m'ont dit c'est rien ! N'en rajoute pas ! *(À Émilie, très souriant.)* Enfin, désolé, on va faire le maximum pour finir vite.

DAVID *(au bord des larmes)* - Ça va pas être facile...

ÉMILIE - Je peux me laver les mains. C'est là, la salle de bains ?

ANTOINE - C'est-à-dire que c'est le désordre total ! Si ça vous ennuie pas, y'a un lavabo dans les toilettes.

ÉMILIE - C'est là ?

ANTOINE - Oui.

Émilie va aux toilettes.

ANTOINE - Mais qu'est-ce que c'est que ces conneries de coma ! T'es débile aussi, toi !

DAVID - Je te signale qu'elle est calme maintenant ! Parce qu'avec ta petite entrée de tout à l'heure, chapeau !

ANTOINE - T'avais qu'à me prévenir !

DAVID - Mais tu t'es pas vu quand t'es rentré !

ANTOINE *(montrant la salle de bains)* - Elle est toujours là, elle ?

DAVID - Je pense, ouais.

Émilie sort des toilettes, assez dégoûtée. Antoine l'accueille avec un grand sourire.

ANTOINE - Ça a été ?

ÉMILIE - Oui.

L'interphone sonne à nouveau. C'est à nouveau Vincent.

VINCENT - Oh ! Vous vous foutez de ma gueule ou quoi ! ! !

ANTOINE - Excuse-nous Vincent, David descend. *(À David)* - Tu peux descendre ?

DAVID - Ouais, en plus faut que j'aille me garer !

David sort.

SCÈNE 5

Antoine, Émilie, puis Vincent, Katia et Marine

Antoine est seul avec Émilie. Il est mal à l'aise, mielleux. Elle est très froide. Comme auparavant avec Katia, il fait une courte visite des lieux.

ANTOINE - Alors, vous allez habiter ici ?... Vous verrez c'est un appartement très sympa, très clair... Et puis le quartier est sympa aussi ! Vous connaissez le quartier ?

ÉMILIE - Oui, oui. Mon copain habite à côté.

ANTOINE - C'est génial ! Un coup chez l'un, un coup chez l'autre.

Émilie prend la phrase au pied de la lettre et n'apprécie guère. Antoine "s'enfonce".

ANTOINE - Enfin c'est... C'est sympa de... d'habiter l'un en face de l'autre.

ÉMILIE - Les trous dans la moquette, c'est pour faire un golf ?

ANTOINE - Oui, je sais la moquette est un peu sale, ça je l'ai dit à votre papa, il le sait. C'est moi qui l'avais fait poser, mais je, je vous la laisse.

ÉMILIE - De toute façon, je vais la changer, j'ai horreur de cette couleur.

ANTOINE - Oh, elle est pas...

ÉMILIE - Non.

ANTOINE - En fait, j'avais pas du tout commandé ce gris. Ils se sont trompés et j'ai pas changé parce que vous savez comment ils sont les constructeurs de moquette, après pour avoir le bon modèle, on attend des mois... Alors bon, en plus avec tout ce qui se passe ici...

ÉMILIE - Qu'est-ce qui se passe ici ?

ANTOINE - Ah non, rien de spécial, mais enfin je veux dire que dans un appartement de jeunes, la durée de vie d'une moquette est assez limitée. Vous voyez ce que je veux dire.

ÉMILIE - Pas bien, non.

ANTOINE - Sinon, pour les clés. Sur ce trousseau, y'a les clés du local à poubelle, alors celle-là, il faut un peu forcer, elle est un peu capricieuse... Ça, c'est la clé de la cave. La boîte aux lettres, c'est la boîte N°17, comme l'appartement.

ÉMILIE - Je mettrai une étiquette dessus, ça sera plus simple.

ANTOINE - Bien sûr. *(Blagueur.)* Sinon, c'est facile à retenir, c'est 17 comme les Charentes-Maritimes, 17... Sinon la fenêtre là, eh bien heu... elle est, elle est là, elle bouge pas, c'est la fenêtre... La cuisine. Ah, dites-moi, y'aurait pas un petit problème avec les plaques électriques ?!!!

ÉMILIE - Oui je sais, la gauche ne marche pas, merci !

Vincent entre de mauvais poil. Antoine lui fait signe d'être cool.
Vincent regarde avec insistance Émilie qui lui tourne le dos et ne l'a pas vu ; il se décompose.
L'interphone retentit ; c'est Marine.

ANTOINE - Oui ?

MARINE - Antoine, c'est Marine.

ANTOINE - O.K. Je t'ouvre.

Au son de la voix de Marine, Vincent panique et fonce dans la salle de bains.
Katia hurle et sort ; elle est en serviette de bain. Antoine et Émilie vont voir, ils se retrouvent nez à nez avec elle.
Vincent sort de la salle de bains, et file se cacher sous le carton à vaisselle.
Katia, effrayée, essaie en vain d'expliquer la situation à Émilie.

KATIA - Il est rentré, il va vite... Et il sé... sé jette... Il a le... comme ça.

ÉMILIE *(à Antoine)* - Bon écoutez, je sais pas ce que vous fabriquez dans cet appartement. Je dirai rien à mon père. Mais, je vous prierai d'activer la manœuvre. J'aimerai bien dormir ici ce soir.

ANTOINE - Non, non mais, c'est rien du tout ça. C'est une amie qui, qui, que j'héberge et voilà. Je pense qu'elle a vu une araignée. Et elle a eu peur, c'est tout.

ÉMILIE - Dans la salle de bains ? Y'a des araignées dans la salle de bains ?

ANTOINE - Oui, enfin des fausses... C'est des... des jouets pour le bain, pour la douche. C'est pour ça, elle a eu peur. *(À Katia.)* C'est rien, c'était des jouets pour la douche. Allez.

> *Marine entre et voit Antoine entourée de deux créatures de rêves.*

MARINE - Salut.

ANTOINE - Marine, ça va ?

MARINE - Sympa ton déménagement !

ANTOINE - Je te présente Émilie Rodier, la fille de mon propriétaire. Et puis heu, Katia, que tu connais, que j'héberge ici.

MARINE - Katia ?

ANTOINE - Oui Katia, la Hongroise.

MARINE - La Hongroise ?

ANTOINE - Mais oui, tu sais bien, celle qui est arachnophobe !

MARINE - Enchantée Katia la Hongroise.

ANTOINE - Katia qui va pas tarder à finir sa douche. Hein Katia... Il faut retourner dans la salle de bains maintenant Katia.*(Avec un grand sourire.)* Allez.

KATIA *(avec un grand sourire)* **-** 17.

Katia s'enferme à nouveau dans la salle de bains.

SCÈNE 6

Antoine, Émilie, Marine,
Vincent caché sous le carton

ANTOINE - C'est bien que tu sois là. On va pouvoir accélérer le mouvement.

MARINE - Vincent n'est pas là ?

ANTOINE - Si, mais il est reparti.

MARINE - C'est pas vrai ! Tu lui as dit que je revenais ?

ANTOINE - Oui, oui, mais il va revenir, t'inquiètes pas.

MARINE - On va passer la journée à se courir après... Vous avez bien avancé ?

ANTOINE - Moyen. Tu veux pas m'aider à faire des cartons de vêtements ?

MARINE *(à Émilie)* **-** C'est toi qui reprend l'appartement ?

ÉMILIE - C'est ça oui.

ANTOINE - Tu m'aides ?

MARINE - Bien sûr. C'est le costume de Vincent, ça ?

ANTOINE - Ouais.

MARINE - Qu'est-ce qu'il fait là ?

ANTOINE - C'est parce que je lui ai prêté d'autres vêtements pour déménager, pour pas qu'il se salisse...

MARINE - Il est venu en costume ? Il est grave.

Le téléphone portable d'Émilie sonne. Elle le prend dans son sac et décroche.

ÉMILIE - Allô... Salut Chacha...

Émilie veut s'asseoir sur le carton.

MARINE *(à Émilie)* - Non, non ! ! ! T'assois pas là, c'est super fragile, y'a de la vaisselle... *(À Antoine.)* Tu veux pas qu'on le déplace, ton carton. Il me fait peur en plein milieu de la pièce...

ÉMILIE - ... Ça va et toi...

Marine veut pousser le carton.

ANTOINE - Non, non, non pas comme ça... Il est bien là ! Il est parfait. Justement, on voit que lui en plein milieu de la pièce. Il peut rien lui arriver !

Antoine et Marine sont tous les deux à genoux, chacun son carton, ils rangent des vêtements.

ÉMILIE - ... Ah ouais, c'était génial, t'aurais dû venir au Duplex....

MARINE *(doucement)* - C'est qui la fille dans la salle

de bains ?

ANTOINE - Je t'expliquerai, c'est un petit peu compliqué.

MARINE - Remarque, t'as bon goût.

ANTOINE - Non, mais c'est pas ma nana !

MARINE - Bien sûr. *(Elle prend un pull très laid.)* C'est à toi ça ?

ANTOINE - Oui.

MARINE - Oh la chemise ! Ça aussi, c'est à toi ?

ANTOINE - Bon si tu t'arrêtes à chaque fois que tu ranges un truc, on va y passer deux heures !

MARINE - Heureusement que tu les mets jamais ces fringues... C'est la mode en Hongrie, c'est ça ?

ANTOINE *(très sec)* - Exactement.

ÉMILIE - ... L'ambiance, l'ambiance !... Je te jure !... Je sais pas 600 personnes... Des mecs, mais des mecs... Ouais... Si je te promets !... Tu l'aurais vu danser, un Dieu... Pas très grand, super craquant, hyper cool, hyper drôle.

MARINE *(un autre pull dans la main)* - Ah celui-là, il est chouette, je te le piquerai.

ÉMILIE - ... C'est pas faute d'avoir insisté... Mais, je t'avais dit de venir... Attends, au Duplex, c'est toujours génial !...

ANTOINE *(doucement à Marine)* - C'est marrant, elle était au Duplex hier soir, elle a peut-être vu...

MARINE - Elle a peut-être vu qui ?

ANTOINE - Lorenzo. Ouais, je crois qu'il y était hier soir.

ÉMILIE - ... Alors, il est dans la télé. Je sais pas exactement ce qu'il fait, mais apparemment, il est sur plein de projets d'émissions...

MARINE - Encore un autre !

ÉMILIE - Il connaît tout le monde... On est restés ensemble jusqu'à 9h du matin ! Je te promets... Ah, ouais, la totale !...

Marine écoute d'une oreille et se moque d'Émilie.
Antoine, lui, a compris et est paniqué.

ÉMILIE - C'est des chauds les mecs de la télé... *(À Marine et Antoine.)* Excusez-moi. *(Au téléphone.)* Alors, il a 28 ans, il s'appelle...

Antoine, qui a compris qu'elle parlait de Vincent, hurle.

ANTOINE - Allez hop, on range tout !

ÉMILIE - T'imagines, le mec, il s'est fait la nuit blanche, il avait une réunion à 10h, je crois même qu'il prenait l'avion juste après... Ouais, il me l'a donné. Je vais essayer... Ouais, je te raconterai... Ouais, moi aussi, salut ma Chacha.

Antoine est très mal à l'aise.
Émilie compose un nouveau numéro. Le téléphone de Vincent est sous le carton avec Vincent et se met à son-
ner.

MARINE - C'est à qui ce portable ?

ANTOINE - C'est le mien.

MARINE - T'as un portable toi ?... Depuis quand ?

ANTOINE - Ce matin. Oui, je l'ai acheté ce matin. Je me suis dit, ça sera pratique pour le déménagement.

ÉMILIE *(pour elle)* - Réponds, réponds...

MARINE *(à Antoine)* - Tu réponds pas ?

ANTOINE - Oui mais non, parce que je sais pas ce que j'en ai fait...

MARINE - Apparemment, il est là dedans.

ANTOINE - Oh, quel con ! C'est pour ça que je le trouve pas depuis tout à l'heure. Tant pis, je le récupèrerai plus tard...

Le portable ne sonne plus. Émilie range son portable.

ÉMILIE *(à Antoine et Marine)* - Les mecs, ils sont jamais là quand on veut.

MARINE - Ça c'est vrai. Qu'est-ce qu'il fout Vincent ? *(À Antoine.)* Tu veux pas récupérer ton portable, j'aimerais bien essayer de l'appeler quand même.

ANTOINE - Attends Marine, on n'avance pas là ! Si je vais chercher mon portable au fond du carton, on va encore perdre trois heures.

MARINE - C'était peut-être lui quand ça a sonné ? Vas-y récupère-le, je suis sûr que t'as un message de Vincent.

ANTOINE - Non, je suis sûr que non ! Il sait très bien qu'on est là. Il appellerait ici.

Marine décroche le téléphone fixe d'Antoine.

ANTOINE - Qu'est-ce que tu fais ?

MARINE - J'essaye de l'appeler.

Antoine raccroche violemment.

ANTOINE - Oh non t'es chiante ! Ça coûte une fortune !

MARINE - Ouh la la, quel radin ! Je te donnerai un euro.

ANTOINE - C'est petit ça.

MARINE - Laisse-moi appeler alors.

ANTOINE - Non, en plus, ça... Ça abîme les téléphones, les portables.

MARINE - Quoi ?

ANTOINE - Ouais, quand t'appelles d'un téléphone fixe les portables, ça les endommage...

MARINE - N'importe quoi.

ANTOINE - Je te le dis. Ce matin, quand je l'ai acheté, ils m'ont tout expliqué, ils m'ont filé de la doc et il faut éviter d'appeler les portables de chez soi. Je sais pas, c'est les ondes, c'est...

ÉMILIE *(à Marine)* - Je peux te prêter le mien, si tu veux.

MARINE - C'est gentil, je veux bien.

ANTOINE *(à Marine)* - T'abuses Marine.

MARINE *(à Émilie)* - Ça te dérange pas ?

ANTOINE *(à Marine)* - Elle osera pas te dire non

maintenant.

ÉMILIE - Si, si, elle est grande. Elle osera. *(À Marine.)* C'est quoi son numéro ?

MARINE - 06.11.91...

ANTOINE *(il hurle)* - Ah non ! Non ! Non !

MARINE - Pourquoi tu cries comme ça ? T'es malade ?

ANTOINE *(au bord des larmes, en train de craquer nerveusement)* - Je sais plus quoi faire... J'ai l'impression que j'y arriverai jamais ! Depuis ce matin, vous défilez tous à tour de rôle, normalement c'est pour m'aider, mais vous vous rendez pas compte, vous êtes affreux ! Vous vous rendez pas compte de ce que vous me faîtes subir ! J'en peux plus ! Je vais tout balancer ! T'entends Vince, je vais tout balancer !

MARINE - Mais à qui tu parles ? Ça va pas ?

ANTOINE - Je t'en prie, sois gentille. Appelle pas ! Aide-moi à déménager ! *(Désignant Émilie.)* Regarde-la, elle attend depuis une heure, on n'a encore rien fait ! Elle dit rien, elle est toute gentille. Elle patiente.

ÉMILIE - C'est agaçant cette manie que vous avez de parler des gens à la troisième personne quand ils sont en face de vous. *(À Marine, agressive.)* Bon, vous voulez appeler ou pas?

MARINE - Non, c'est bon. Merci.

Antoine est allongé comme s'il était mourant.

MARINE - Pourquoi tu te mets dans des états pareils ? Ça va aller, on va le faire ton déménagement...

ANTOINE - Merci, merci...

MARINE - Tu vas pas nous faire une crise de nerfs quand même ?

Antoine fait non de la tête, comme un enfant.
Marine fait les cent pas. Elle va chercher un sous-verre avec des photos à l'intérieur.

MARINE - Regarde, on est tous là. Tous tes amis. Tu nous reconnais ?

ANTOINE *(se redresse, très sérieux)* - Non mais là tu me prends pour un débile, Marine. Je suis fatigué, mais je suis pas débile !

Marine se marre. Elle regarde les photos avec intérêt.

MARINE - Elle est vachement bien celle-là ? C'était en Corse, non ? Oh, il est beau Vincent là-dessus. *(À Émilie.)* Tu trouves pas qu'il est beau mon mec quand même ?

Marine est sur le point de montrer la photo à Émilie.
Antoine devient fou à nouveau et lui arrache le sous-verre des mains pour le mettre dans un carton qu'il ferme immédiatement.

ANTOINE - Ah non, non, non... Je suis pas d'accord. On regardera les photos une autre fois ! Ça l'intéresse pas, ça ne l'intéresse pas ! Elle ne veut pas voir les photos ! Allez hop, on range tout ! On fera une séance photos quand on aura le temps, mais pas maintenant ! C'est ça, on fera, pour la crémaillère une grande séance diapos avec tout le monde, avec des chips, des trucs à boire... ! Mais pas maintenant !

Il prend les sous-verres, les met dans un carton vide et ferme le carton avec du gros scotch, en faisant plusieurs tours. Il est hystérique.

ÉMILIE - Bon, elle va vous laisser... Elle repassera plus tard. Elle peut pas rester là tout l'après-midi. En plus, elle a mal au crâne.

ANTOINE - On aura fini quand vous reviendrez, ne vous inquiétez pas. Je suis vraiment désolé pour tout... Je...

ÉMILIE - D'accord. À plus tard.

Émilie sort.

MARINE - Elle est aimable elle !

NOIR

ACTE 3

SCÈNE 1

Antoine, Marine

Quand la lumière se rallume, Marine et Antoine finissent un carton. Dans l'appartement, c'est presque propre et rangé : un seau avec une serpillière devant la porte des toilettes, une dizaine de cartons empilés. Il reste le matelas, le pouf, le carton à vaisselle qui n'a pas bougé et le téléphone.
Antoine et Marine semblent fatigués. Antoine soupire.

ANTOINE - Bouh... ! La vache... Je suis claqué, moi.

Marine sourit.

MARINE - J'espère qu'il y aura assez de place pour le bébé.

ANTOINE - Quoi ?

MARINE - Tu trouves pas qu'on dirait un petit couple tous les deux ?

Antoine sourit.
Un temps.

ANTOINE - Merci, en tout cas.

MARINE - Tu vois, c'était pas la peine de t'énerver,

on a fait ça vite.

ANTOINE - Ouais, enfin, maintenant va falloir tout descendre. Je sais pas ce qu'il font tous. Surtout Lorenzo... À quelle heure elle a dit qu'elle repassait ?

MARINE - Je sais pas, elle a dit "à plus tard".

ANTOINE - Bon. Je te paye un café en bas ?

MARINE - Ah ouais... Mais s'ils arrivent ?

ANTOINE - Je laisse tout ouvert, c'est bon.

MARINE - Tu devrais prendre ton portable.

Antoine réalise que Vincent est sous le carton depuis un long moment.

ANTOINE - Merde... ! Mon portable qu'est dans le carton, c'est vrai ! Laisse tomber : café !

Ils sortent.
La porte reste ouverte.

SCÈNE 2

Lorenzo, David, Katia puis Vincent

La pièce reste vide un moment. Lorenzo et David entrent dans l'appartement. Lorenzo a un sac photo ; il est un peu plus âgé que les autres. Il a plus un look et un parlé branché qu'homosexuel. Quelques uns de ses gestes et attitudes montrent qu'il est homo mais ce n'est pas une "folle".

DAVID - Mesdames et messieurs, la camionnette est arrivée !... Bah merde, y'a personne !

LORENZO - Qu'est-ce que tu me racontes ? C'est génial pour les photos. C'est tout propre... Elle est où ?

DAVID - Dans la salle de bains.

Lorenzo va dans la salle de bains.
David regarde les changements dans l'appartement,
puis s'assoit sur le pouf et prend son livre.
Katia et Lorenzo sortent de la salle de bains.
Katia est un peu effrayée, elle regarde autour d'elle.
Elle est maquillée, habillée. Magnifique.

LORENZO - Katia ?

Katia acquiesce, timide.

LORENZO - I'm Lorenzo... I'm sorry for being so late. Excuse-me so much darling... Everything is O.K. ?

KATIA - Ya.

LORENZO - Qu'est-ce que vous lui avez fait ? Elle a l'air complètement effrayée.

DAVID - Rien de spécial. On l'a violée deux, trois fois, c'est tout.

LORENZO *(amusé)* - C'est tout ? *(À Katia.)* O.K. Shall we go ?

Lorenzo prend son appareil.
Katia enlève sa veste, elle porte un body.

DAVID - "Les femmes sont des roses : à peine en fleur elles s'effeuillent". You know Shakespeare ?

Lorenzo commence à shooter. Vincent sort doucement de son carton, complètement dans les vappes. En le voyant apparaître, Katia pousse un cri.

KATIA - Ah !

LORENZO - Ah !

DAVID - Ah !

VINCENT - Ah !

DAVID - Qu'est-ce que tu fous là toi ?

VINCENT - Quelle heure il est ?

DAVID - Une heure et quart.

Vincent voit Lorenzo et Katia.

VINCENT - Salut Lolo... Oh, une apparition ! Je rêve encore, c'est ça.

KATIA - It's the guy with the jogging, it's him... He go to the toilet, I was naked...

VINCENT - Qu'est-ce qu'elle dit ?

LORENZO - Je sais pas, t'es allé la voir dans la salle de bains, elle était à poil...

VINCENT - Ah, oui... Je savais pas qu'elle était là, je lui ai fait peur je crois.

DAVID - Apparemment.

LORENZO - Come on, Katia, it's a friend... Everything's alright, O.K. ?

DAVID - T'as dormi là ?

VINCENT - Je crois, ouais.

David - Sous le carton ?

Vincent - Ouais... *(Il retrouve un peu sa pêche.)* Ça va Lolo ?

Lorenzo - Mieux que toi,on dirait... Faut pas faire la fête jusqu'à l'aube mon petit père.

Vincent - Il est pas là Antoine ?

David - Non, je sais pas où il est. On vient d'arriver nous.

Vincent - T'étais où toi ? T'as complètement disparu.

David - J'ai tourné deux heures pour trouver une place.

Lorenzo *(amusé)* - Oh,oh ! Regarde-le lui ! Tu sais où je l'ai trouvé ? Au café, pénard en train de lire.

Vincent - Sympa pour ceux qui se tapent les cartons.

David - Pas du tout. J'ai pris un café cinq minutes c'est tout.

Katia - Shall we shoot ?

Lorenzo - Yes, excuse me. Bon, j'en ai pour un quart d'heure moi. Vous avez qu'à descendre les cartons, la camionnette est en bas.

Vincent - Non, non, non. On va rester là, on va regarder.

David - Ouais, Vince a raison.

Vincent - Vaut mieux attendre Antoine pour descendre les cartons.

David - Sinon, on va faire n'importe quoi. C'est pas

la peine de l'énerver.

Vincent et David s'installent confortablement comme au spectacle. Lorenzo shoote.
Katia fait des pauses glamour. Vincent s'emballe petit à petit, il recommence à chanter "It's raining men...".

VINCENT - Dis moi, Lolo. J'ai un peu de temps en ce moment. Tu cherches pas un assistant ?...

LORENZO - It's great darling ! More sexual !

VINCENT - C'est bien ce que tu fais...

Katia est de plus en plus excitante. Elle fait glisser la bretelle de son soutien gorge sur l'épaule.
Vincent commence à péter les plombs.

VINCENT - Ouais ! J'adore ce boulot ! T'es une super Katia ! (*À David.*) Comment on dit "T'es une super !".

David se marre.

VINCENT - Dis-lui que c'est une super Lolo, dis lui ! Ouais !

Vincent se lève. Il se met à danser sur sa chanson préférée. C'est le délire absolu.

SCÈNE 3

Les mêmes, Antoine et Marine

Antoine et Marine entrent.

ANTOINE - Qu'est-ce qui se passe là ? C'est quoi ce

bordel ? !

> *Marine hallucine.*
> *Vincent et David se lèvent et font semblant de descendre des cartons.*
> *Lorenzo continue sa séance photos, très tranquillement.*

VINCENT - Pouh... ! On n'arrête pas !

DAVID - La vache !

VINCENT *(à David)* - On descend le gros ou un chacun, comme tout à l'heure ?

DAVID - Un chacun. C'est mieux.

MARINE *(à Vincent)* - Je suis content de te voir. *(Elle l'embrasse.)* Qu'est-ce que t'as foutu hier ? Tu devais m'appeler.

VINCENT - Je sais, je... Je suis crevé, j'arrête pas ! Je suis désolé...

MARINE - C'est à toi ce pull ?!

ANTOINE *(à David)* - T'as disparu, toi ?

DAVID - Attends, j'ai mis trois heures pour trouver une place.

ANTOINE - Merci pour la camionnette, Lolo. C'est la grise en bas ?

LORENZO - Ouais.

ANTOINE - Par contre la séance mannequin, t'aurais peut-être pu t'en passer.

LORENZO - C'était ça ou pas de camionnette.

MARINE - Salut Lolo.

LORENZO - Salut... Je finis, j'en ai pas pour longtemps.

ANTOINE - Bon, nous, on va s'y mettre.

David et Vincent sont bloqués sur Katia.

ANTOINE - Hein ? On va s'y mettre !

VINCENT - Pas de problème.

Marine prend un carton.

MARINE *(à Vincent)* - Tu m'aides ?

Tous les deux prennent un carton.

MARINE - C'était bien ta réunion hier ? T'as vendu ton projet ?

VINCENT - Tu sais, on vend, on vend... On vend moins. Non, je sais pas. Enfin on doit se revoir. Dans la semaine peut-être.

Vincent et marine sortent.

ANTOINE - Elles sont où les clefs de la camionnette, Lolo ?

LORENZO - Regarde dans mon sac, la poche avant.

ANTOINE - C'est celles-là ?

LORENZO - Ouais, c'est la petite.

Antoine et David prennent un carton.

DAVID - Tu sais que quand on est arrivé avec Lorenzo, tout à l'heure, Vincent, il dormait sous le carton.

ANTOINE - Ah ouais ?

Ils sortent.
Restent Lorenzo et Katia qui continuent les photos.
Vincent arrive essoufflé. Il s'installe pour regarder la séance photos.

VINCENT - C'est vraiment bien ce que tu fais... Je suis sérieux, si tu cherches un assistant...

LORENZO *(ironique)* - Ça s'est bien passé ta réunion hier ?

VINCENT - Tu dis rien. Y'a qu'Antoine qu'est au courant. Je t'ai pas dit ! La nana d'hier, c'est la fille du propriétaire d'Antoine.

LORENZO - Quoi ?

VINCENT - Je te jure ! La nana d'hier, elle était là ce matin, ici !

LORENZO - Arrête ! Elle t'a vu ?

VINCENT - T'es malade !

Antoine et David entrent.

ANTOINE - C'est la grande classe ta camionnette Lorenzo !

VINCENT *(surexcité)* - J'adore ce déménagement !

ANTOINE *(à Vincent)* - Tu m'aides, on prend celui-là.

Vincent est toujours bloqué sur Katia.

ANTOINE - Vince, s'il te plaît.

VINCENT - J'ai une idée. On fait une chaîne ! Ça va être canon ! Regarde ! Moi je reste ici, je te donne les cartons. Toi, tu les donnes à David, et lui, il les réceptionne avec Marine, comme ça Marine elle se casse pas le dos. C'est canon, non ?

DAVID - Comme ça, tu mates un peu Katia.

VINCENT - Rien à voir.

ANTOINE - Tu fais du mauvais esprit, David. Il est pas comme ça, Vince... *(À Vincent.)* Vas-y, on descend celui-là.

> *Ils prennent un carton. David essaye d'en prendre un autre.*

DAVID - Moi, je peux pas le descendre tout seul celui-là, il est trop lourd.

ANTOINE - Je dis à Marine de monter t'aider.

DAVID *(ironique)* - "Ô femme ! Femme ! Femme ! Créature faible et décevante !..."

VINCENT *(vexé)* - T'es lourd avec ton théâtre.

> *Vincent est dégoûté. Antoine et Vincent sortent. Vincent rentre immédiatement. Il fait semblant de chercher un truc.*

ANTOINE *(off)* - Vincent !

VINCENT - Ouais, ouais j'arrive... Merde, il est où ?

DAVID - Qu'est-ce que tu cherches ?

VINCENT - Un truc.

> *Antoine rentre.*

ANTOINE - Vince !

LORENZO - O.K. Katia. Good, very good.

Antoine et Vincent sortent. Lorenzo range son appareil. Katia va dans la salle de bains.

DAVID - T'as fini ?

LORENZO - Oui.

DAVID - Ça t'emmerde de me faire répéter mon texte ?

LORENZO - Non, non. Attends, faut que je lui donne les adresses des agences. Viens.

DAVID - Elle va se changer, non ?

LORENZO - Ça te gène ?

DAVID - Non.

Ils vont dans la salle de bains.

SCÈNE 4

David, Lorenzo, Katia puis Marine

David, Lorenzo et Katia sont dans la salle de bains. On les entend.

LORENZO - You see, you have this one.

KATIA - It's avenue Klébar.

LORENZO - Non, avenue Kléber. *(À David.)* C'est où ton truc ?

DAVID - C'est là... Tu fais Achille... Je prends qu'à partir de la fin, à partir de "Et quand j'en aurais assez de sucer...". Tu vois ?

LORENZO - Right.

DAVID - Et quand j'en aurais assez de sucer violemment tes membres, quand chaque pli de ta peau sera rouge comme le sang, tu voudras m'arrêter. Et tu gueuleras, tu gueuleras comme une bête ! Qu'est-ce que tu réponds à cela Achille ?

Marine entre. Elle prend le dialogue en cours, écoute, en restant dans l'appartement ; elle est stupéfaite.

LORENZO - Je réponds rien. Je pense que si c'est ta façon de m'aimer, je dois vivre avec ?

DAVID - Tu dois ou tu veux vivre avec.

LORENZO - Quelle importance ?

DAVID - Pour moi, c'est important de le savoir. Tu as changé. Tu as peur des autres.

LORENZO - Non, j'ai pas peur. Nous sommes pas chez nous ici. Il faut que tu le saches. Ce n'est pas la même vie. Ce n'est pas les mêmes gens. Ça ne sert à rien de faire semblant.

DAVID - Mais qui fait semblant ?! Dis-le moi ! Qui ?! Qui fait semblant d'aimer l'autre ! Est-ce toi ou est-ce moi ?

LORENZO - Tout le monde fait semblant. Tu le sais très bien. Tout le monde ! C'est comme ça que les gens vivent ici ! Nous sommes justes encore un peu neufs, mais tu verras, tu apprendras à faire comme eux. Tu apprendras à faire semblant d'être heureux, tu apprendras à faire semblant de rire, de pleurer, de baiser !

DAVID - Je refuse de jouer moi !

LORENZO - Alors ne joue plus et va les voir tous ces pantins désarticulés ! Va leur dire qui tu es !

DAVID - Bientôt je leur dirai tous ! Et ce jour-là, tu ne pourras plus faire semblant... Crois-moi, ce jour-là, tu ne pourras plus faire semblant...

LORENZO - C'est tout ?

DAVID - Ouais.

Katia les interromp.

KATIA - Can I take a shower ?

LORENZO - Of course. Elle veut prendre une douche. On va peut-être la laisser. Bou ! Une femme nue !

Ils se marrent tous les deux.
Marine panique, elle se cache.
Lorenzo et David sortent de la salle de bains.

LORENZO - On va être cools, on va descendre un carton ? Tu viens Emilio ?

DAVID - J'arrive Achillio..

Ils sortent.

SCÈNE 5

Marine, Antoine puis Lorenzo, puis Vincent

Marine sort de sa "cachette". Elle est effarée. Antoine entre.

ANTOINE - Alors, qu'est-ce que tu fais ?

Marine est paumée.

ANTOINE - Qu'est-ce qu'il y a ?... Ah, il a fini Lorenzo, c'est cool.

MARINE - Antoine, je crois que mon père a raison...

ANTOINE - Quoi ?

MARINE - J'ai l'impression qu'il est pédé.

ANTOINE - Lorenzo ?... *(Ironique.)* C'est pas impossible.

MARINE *(excédée)* - Mais non pas Lorenzo. David ! Lorenzo, je sais, merci. *(Lorenzo entre et dévisage Marine.)* Tout le monde sait que Lorenzo est une grosse folle. C'est marqué sur sa gueule ! Je me demande même si c'est pas écrit sur son front : pédé. Si, si, avec des petites lumières autour qui clignotent, pour le cas où y'aurait des cons qui s'en seraient pas aperçus ! Lorenzo, pédé, pédé, pédé, pédé...

LORENZO - Je dérange ?

MARINE *(mal à l'aise)* - Ah... Lolo, ça a été tes photos ?

LORENZO - Bien, je te remercie.

MARINE - C'est sympa d'être venu nous aider, avec tout le travail que tu as.

LORENZO - Non, mais j'étais juste venu enculer Antoine, mais y'a trop de monde, alors je repasserai.

On entend le bruit de la douche qui démarre.

ANTOINE - Qu'est-ce que c'est que ce bruit ?

Entre Vincent.

LORENZO - C'est Katia qui prend une douche.

VINCENT - Sérieux ? Canon !

MARINE *(très sèche)* **-** Va la rejoindre !

VINCENT - Eh, cool Marine.

ANTOINE - Attends, Katia prend une douche ?!!!

MARINE - Vas-y toi aussi ! Allez-y tous les deux ! *(À Lorenzo.)* Et puis toi, t'as qu'à descendre rejoindre mon frère et puis vous avez qu'à faire une partouze tous ensemble ! C'est tellement plus sympa quand on est plusieurs !

VINCENT - Qu'est-ce qui te prend Marine ? Ça va pas ou quoi ! ?

MARINE - Ta gueule Vincent ! Tu m'énerves !

ANTOINE - Calme-toi Marine.

MARINE - Vous me faites chier tous !

Marine va s'asseoir sur le pouf.
Vincent veut aller la voir, Antoine lui fait signe de descendre ; Vincent descend une toute petite boîte.

VINCENT *(doucement à Antoine)* **-** Je descends ça.

Antoine acquiesce.

ANTOINE *(à Lorenzo)* **-** Je viens de passer une heure à nettoyer toute la salle de bains et t'es en train de me dire que Katia prend une douche. Je rêve ! Je rêve ! Mais merde ! Emmène-la chez toi pour prendre une douche !

LORENZO *(très calme et très dur)* - Tu sais Antoine, je suis pas étonné que Marine soit si énervée. Tu devrais faire attention à la façon dont tu parles aux gens.

ANTOINE - C'est quoi le rapport ?

LORENZO - Le rapport ? Dis-moi si je me trompe. Je crois savoir que Vincent n'a pas dormi de la nuit. Je crois savoir que David a du boulot par-dessus la tête, qu'il a des pages entières à apprendre, qu'il est tellement à la bourre, qu'il m'a demandé vite fait tout à l'heure, entre deux portes, entre deux cartons, de lui faire réciter son texte !... Laisse-moi finir ! Je crois savoir que Marine a des cours, qu'elle est à un mois de ses partiels... Arrête-moi si je me trompe !... Qu'elle a, elle aussi, certainement du boulot jusqu'à la gueule ! Je te parle même pas de mon emploi du temps, j'ai un catalogue entier à finir pour la semaine prochaine, les défilés qui commencent dans un mois, j'ai 5000 balles de découvert... Je crois savoir que tu devais déménager demain, que finalement ça s'est fait aujourd'hui, que tout le monde a fait en sorte d'être là, pour toi, pour t'aider ! Parce que t'es notre pote. Que tout le monde a changé, comme il le pouvait, son emploi du temps, pour que tu te retrouves pas comme un con, tout seul, avec tes cartons sur ton scooter !... Le rapport ? Le rapport, il est clair, si tu peux même pas te rendre compte de ça, si dès que ça tourne pas exactement comme tu l'as décidé, tu t'énerves... Mais, tu vas te retrouver tout seul comme un con. Tout seul... Alors, ouais, Katia prend une douche, ouais, tu vas être obligé de laver encore une fois ta douche... Et alors ! C'est si dramatique que ça ?!...

Un ange passe.

Ils sortent tous les trois une cigarette en même temps. Personne n'a de feu. Ça les amuse.

ANTOINE - Qui a du feu ?

MARINE - Lolo, tu lui as fait réciter quand son texte à David ?

LORENZO - Tout à l'heure, dans la salle de bains.

MARINE - C'est pas une scène entre deux pédés, enfin deux homos ?...

LORENZO - Ouais, c'est débile d'ailleurs.

Marine est rassurée ; l'ambiance se détend tout doucement.

MARINE - Tout à l'heure t'as dit que Vincent avait pas dormi de la nuit. C'est vrai ?

LORENZO - Je crois, ouais.

MARINE - Qu'est-ce qu'il a fait toute la nuit ?

ANTOINE - Tu sais bien, il avait sa réunion.

Antoine et Lorenzo échangent un regard complice. La douche s'arrête.

MARINE - Tiens, elle a fini sa douche.

ANTOINE *(à Lorenzo)* - Regarde dans ce carton, y'a des serviettes.

LORENZO - C'est bon, elle en a une.

Un temps.

MARINE - Antoine... Heu... Antoine m'a dit que t'avais un nouveau copain... ?

LORENZO *(à Antoine)* - Comment-tu sais tout ça toi ?

ANTOINE - ...

MARINE - Mathieu, c'est ça ?

LORENZO - Mathieu, c'est qui ça Mathieu ?

MARINE - C'est pas ton mec qui est venu aider Antoine à déménager ce matin ?

ANTOINE - Mais, ouais. Mais pas longtemps en fait. Il a juste pris un carton et puis, heu... Il est parti. C'est ça, après il est... il est allé chercher des cigarettes et on... on l'a jamais revu, hein ? *(Il se marre nerveusement.)* Il est... il est, il est très sympa, mais il est pas très efficace, hein ? *(À Lorenzo.)* Hein ? Reconnais-le...

LORENZO - ...

MARINE - Il est comment ?

Lorenzo et Antoine répondent en même temps.

LORENZO - Blond.

ANTOINE - Roux.

ANTOINE - Très gêné. Ouais, blond... Blond-roux.

LORENZO - Attends, mais qu'est-ce que tu me fais là ? Il est pas roux, il est blond, blond-blanc.

ANTOINE - Ouais... Heu, ça dépend parce que, par exemple, ce matin, je... je regardais ses cheveux et par exemple dans la rue, à la lumière du jour, il faisait blond. Et c'est marrant, parce que ici, avec l'éclairage, il faisait roux. Va savoir !

LORENZO *(les yeux au ciel)* - N'importe quoi... En

plus, il s'appelle pas Mathieu, il s'appelle Eric.

MARINE - T'es sûr que tu parles du même ?

ANTOINE - Ah, j'ai peut-être mal compris, mais moi je me souvenais de Mathieu.

MARINE - Peut-être que dans la rue, il s'appelle Eric et que chez toi, il s'appelle Mathieu.

ANTOINE *(premier degré)* - Peut-être, ouais.

Entre David.

DAVID - Qu'est-ce que vous faîtes ? On commence à rouiller avec Vince.

ANTOINE - On descend.

Antoine et Lorenzo embarquent le matelas.
Ils sortent.

SCÈNE 6

Marine, David puis Vincent

DAVID - Dis-donc, je sais pas ce que tu lui as fait, mais il fait la gueule, Vincent.

MARINE - Ouais, on s'est engueulé tout à l'heure.

DAVID - Ça va pas entre vous ?

MARINE - Si, si mais bon, y'a des fois il m'énerve, tu vois. Il est toujours en train de regarder le cul de toutes les nanas et c'est bon quoi !

DAVID **-** Tu sais qu'il est comme ça, c'est rien ça...

David est sur le point de sortir avec un carton.

MARINE **-** David...

DAVID **-** ...

MARINE **-** Ça se passe bien tes cours de théâtre ?

DAVID **-** Ouais. Enfin, c'est du boulot...

MARINE **-** Vous allez monter une pièce bientôt ?

DAVID **-** Pourquoi tu me demandes ça ?

MARINE **-** Comme ça, ça me ferait bien marrer de te voir sur scène.

DAVID **-** Tu parles ! Et moi donc !

Un temps.

MARINE **-** Je voulais te demander : si Vincent me trompait, tu me le dirais ?

DAVID **-** Non.

MARINE **-** Et si je trompais Vincent, tu lui dirais ?

DAVID **-** Oui.

MARINE **-** T'es un enfoiré ! Pourquoi ?

DAVID **-** Je sais pas, c'est les potes... Pourquoi tu me demandes ça ?

MARINE **-** Comme ça, je voulais savoir.

DAVID **-** Maintenant, tu sais.

Entre Vincent.

VINCENT - Je dérange ?

DAVID - Bah ouais, j'étais en train de draguer ma sœur.

David sort. Vincent prend un carton beaucoup trop lourd. Marine se marre.

MARINE - Attends, je vais t'aider.

VINCENT - Non, non, c'est bon.

Vincent essaye tant bien que mal de soulever le carton. Il se fait mal. Marine éclate de rire.

SCÈNE 7

Marine, Vincent, Antoine puis Émilie, David, Lorenzo et Katia

Antoine arrive comme un fou.

ANTOINE *(en chantant à moitié)* -Y'a Émilie, la fille du propriétaire qu'arrive. Ouais, ouais, ouais... Oh la la ! Qu'est-ce qu'elle monte vite ! C'est la folie !

MARINE - Pourquoi tu t'excites comme ça.

ANTOINE *(sur le même ton)* - Mais parce que c'est la folie. C'est la fête, je déménage et c'est la fête !

VINCENT *(sur le même ton qu'Antoine, sans comprendre le signal d'alarme de son pote.)* Mais ouais, c'est la folie. Il déménage et c'est la fête !!!!

Vincent réalise la situation et panique.
Émilie rentre.
Antoine prend le grand carton qui reste, le met dans les bras de Vincent. De ce fait, Vincent se cache derrière le carton.

ANTOINE - Je vous avais dit, c'est fini.

ÉMILIE - Formidable.

ANTOINE - Marine, tu connais Émilie.

MARINE - Re-bonjour.

ANTOINE - Et puis Vincent qui va descendre le dernier carton. Hein Vincent ?

ÉMILIE - Bonjour.

VINCENT *(change grossièrement sa voix)* - Bonjour.

ÉMILIE *(à Marine)* - T'as fini pas le retrouver. Moi, j'arrive toujours pas à joindre le mien.

David entre et voit Vincent peiner avec le carton.

DAVID - Attends, je vais t'aider, pose le.

ANTOINE - Non !

David prend le carton.
Vincent et Émilie se voient.
Silence.

ANTOINE *(à Émilie)* - Vincent, Émilie. *(À Vincent.)* Émilie, Vincent. Vincent est donc le copain de Marine. Un couple indestructible, formidable, exemplaire...

ÉMILIE - Bonjour Vincent.

VINCENT - Bonjour.

Marine regarde Antoine de façon très surprise.

ANTOINE *(à Marine)* - C'est pas vrai ?

MARINE - Je sais pas. Si tu le dis.

ANTOINE - Voilà, voilà, voilà, voilà... Bon, eh bien, on va pouvoir y aller. Hein ? On va laisser Émilie chez elle. Ah ? J'ai un message. Je l'écoute et on s'en va.

Antoine allume son répondeur. Il se met en marche.

"Antoine, c'est Lorenzo. Bon, j'ai bien eu ton message, pour la camionnette, le problème c'est que j'ai besoin de savoir à quelle heure... "

VINCENT - Allô ?

LORENZO - Ouais, Antoine ?

VINCENT - Non, c'est Vince.

LORENZO - C'est pas vrai, t'es réveillé toi ?

VINCENT - J'ai pas encore dormi.

LORENZO - Alors, la petite blonde ?

Vincent se jette sur la prise, il débranche tout. Il enroule le fil autour du téléphone comme un fou.

VINCENT - Bon allez, on n'a plus le temps. C'est vrai quoi ! On a passé assez de temps ici... Faut y aller !

ANTOINE - Pourquoi tu m'as pas laissé écouter ?

VINCENT - Faut y aller !

Lorenzo entre.

LORENZO - Bon, y'a plus rien à charger ?

Vincent lui donne le téléphone.

VINCENT - Tiens y'a ça.

LORENZO *(à Émilie)* - Bonjour.

ÉMILIE - Bonjour. Émilie.

LORENZO - Lorenzo.

ÉMILIE - Ah c'est vous le chauffeur de la camionnette ?

LORENZO - Entre autres.

ÉMILIE - Vous êtes déjà sorti de l'hôpital ?

LORENZO - Pardon ?

ÉMILIE - C'est vous qui étiez dans le coma, ce matin.

LORENZO - Ce matin ?

ANTOINE *(il commence vraiment à péter un câble)* - Bah oui, ce matin ! Tu nous as fichu une trouille, toi ! Pas vrai David ? *(Doucement, à Émilie.)* Il se souvient de rien. *(Doucement, à Lorenzo)* Elle est cinglée, t'occupes pas !

LORENZO - Bon, on charge le dernier carton. J'ai pas fermé, tu me passes les clés Vincent ?

VINCENT - Du camion ? C'est pas moi qui les ai.

LORENZO - Je te les ai données tout à l'heure, dis pas n'importe quoi !

VINCENT - Quoi ? Je te jure que je les ai pas.

LORENZO - Regarde dans tes poches.

VINCENT - Non, je t'assure.

DAVID - C'est pas vrai. C'est le gag !

MARINE - C'est pas toi qui les as, Antoine ?

ANTOINE - De quoi ?

LORENZO - Les clés de la camionnette.

ANTOINE - Ah non c'est pas moi.

Katia sort de la salle de bains. Elle est en petite culotte.

ANTOINE - Ah, voila Katia ! *(À Émilie.)* Katia la Hongroise que j'ai gentiment hébergé, hé, hé ! Ça va Katia ? Alors, toujours la trouille des araignées, Katia ? !

KATIA - I'm looking for my jogging.

LORENZO - Elle cherche son jogging.

ANTOINE - C'est pas grave. On va tous chercher le jogging de Katia. Allez. Tous ensemble. Le jogging ! Le jogging ! Le jogging !

Antoine est totalement dément.
Les autres hallucinent. Seule, Katia cherche son jogging.

ANTOINE - Jogging, où es-tu ? Jogging ? *(Aux autres.)* Allez, il faut l'appeler ! Jogging, where are you ? 3...4... Le Jogging, le jogging, le jogging...

Katia qui continue à chercher son bas de jogging, soulève le carton.

VINCENT - Non, pas là dedans... !

MARINE - Attention, elle va tout renverser !

ANTOINE - Pas là dedans, c'est de la vaisselle !

Les clés sont sous le "carton". Katia ramasse les clés.

KATIA *(avec un grand sourire)* - 17.

Tout le monde se regarde.
Arrêt sur image.

NOIR

AVIS IMPORTANT

Cette pièce de théâtre fait partie du répertoire de la Société des Auteurs et Compositeurs Dramatiques, 11 bis rue Ballu 75442 PARIS Cedex 09. Tél. : 01 40 23 44 44. Elle ne peut donc être jouée sans l'autorisation de cette société.

Nous conseillons d'en faire la demande avant de commencer les répétitions.

Première édition, dépôt légal : mai 2003
N° d'édition : 023503
ISBN : 2-84422-333-8